アルゴリズムで論理の

JN088136

プログラミングと

PROGRAMMING

ロジカル
シンキングが

LOGICAL THINKING

一気にわかる本

木田知廣
Tomohiro Kida

SHOEISHA

本書内容に関するお問い合わせについて

このたびは翔泳社の書籍をお買い上げいただき、誠にありがとうございます。弊社では、読者の皆様からのお問い合わせに適切に対応させていただくため、以下のガイドラインへのご協力をお願い致しております。下記項目をお読みいただき、手順に従ってお問い合わせください。

●ご質問される前に

弊社Webサイトの「正誤表」をご参照ください。これまでに判明した正誤や追加情報を掲載しています。

正誤表　https://www.shoeisha.co.jp/book/errata/

●ご質問方法

弊社Webサイトの「刊行物Q&A」をご利用ください。

刊行物Q&A　https://www.shoeisha.co.jp/book/qa/

インターネットをご利用でない場合は、FAXまたは郵便にて、下記“翔泳社愛読者サービスセンター”までお問い合わせください。
電話でのご質問は、お受けしておりません。

●回答について

回答は、ご質問いただいた手段によってご返事申し上げます。ご質問の内容によっては、回答に数日ないしはそれ以上の期間を要する場合があります。

●ご質問に際してのご注意

本書の対象を越えるもの、記述個所を特定されないもの、また読者固有の環境に起因するご質問等にはお答えできませんので、予めご了承ください。

●郵便物送付先およびFAX番号

送付先住所　　〒160-0006　東京都新宿区舟町5
FAX番号　　　03-5362-3818
宛先　　　　　（株）翔泳社 愛読者サービスセンター

● もはや「待ったなし」のプログラミング

　AI（人工知能）やパソコン上のロボット化など、プログラミングの進歩のニュースを耳にしない日はありません。しかも、2020年4月からは全国の小学校でプログラミングが必修化されます。つまり、あと10年もすれば、プログラミングを小学生時代から学んだ人たちが、あなたの職場に部下として、同僚として、あるいはライバルとして登場するのです。

　そんな時代を生き抜くために必要な、2つの大きな思考法を本書では取り上げています。ひとつはプログラミングを題材にした、「**プログラミング思考**」です。詳しくは第1章で解説しますが、「今やっている仕事を自動化するとしたらどうやるか」を考えることにより、仕事をより早く、ミスなく、そしてさまざまな人と共同作業しながら進めていくことができるようになります。

　そしてもうひとつは「**ロジカルシンキング**」です。こちらは、今ではビジネスパーソンの必須スキルとして定着しているので、勉強したことがある人も多いでしょう。ただ、ロジカルシンキングをビジネスの現場で使いこなしている人は意外なほど少ないものです。

その理由は、日頃のビジネスの現場において、上司からの指導が十分ではないためと筆者は考えています。本や研修でロジカルシンキングの「理屈」を知ったあとは、実際の仕事の現場で上司から、「その考え方はロジカルだ」「これはまだロジカルに考える余地がある」などと指摘されると、真の意味でのロジカルシンキングを使いこなせるようになります。実際、コンサルティング会社の社員が皆ロジカルなのは、上司からの厳しい指導があるからです。たとえば、お客様へのプレゼン資料を仕上げる際に厳しいダメ出しが何度もあり、これによってロジカルシンキングが身につくのです。

　そんな「ダメ出しをされる経験」を、本を読むだけでお届けできないか。そう考えたのが本書を執筆するきっかけでした。そのときにヒントとしたのがプログラミングです。ちょっと意外な気がするかもしれませんが、プログラミングというのは、正しい伝え方をしないと納得してくれない厳しい上司のようなものです。なぜならば、コンピュータはロジカルなので、**論理構成をしっかりと考えて命令しないと動かないから**です。ということで、プログラミングをヒントに、まるで厳しい上司に指導されるようにロジカルシンキングが身につくというのが本書のねらいです。

　だからといって、小難しい話をするつもりはありません。実際のビジネスの現場で「あるある」と感じるようなストーリーを交えながら、プログラミングをまったく知らない人にも理解できるように書きました。そして、ところどころに練習問題を交えて、ご自身の理解を確認しながら読み進めてい

けるようになっています。最初のほうの基礎的なところから、一段一段知識を積み上げるように読んでいけば、最終的にはしっかりとプログラミング思考とロジカルシンキングが身につけられる流れになっています。

● ロジカルシンキングができない ビジネスパーソンの末路

　ここまで偉そうなことをいってきましたが、実は私自身も昔からロジカルシンキングができたわけではありません。そのせいで、キャリア上の痛恨のミスをしてしまいました。

　大学卒業後、私は外資系コンピュータメーカーにSE（システム・エンジニア）として入社しました。ところが、仕事がうまくいかずに悶々とする日々。しかも間が悪いことに、当時は会社自体の業績が厳しく、ついにはリストラにあってしまったのです。入社から3年も経たなかったわけですから、私のキャリアは挫折から始まったといってもいいでしょう。

　今思えば、当時の私がなぜうまくいかなかったのかがわかります。それは、ロジカルシンキングができなかったからです。物事を深く考えることなしにはエンジニアが務まるはずもないのに、当時の私は愚かにも、目の前の「コンピュータをどうしようか」ということばかりに意識が向いていたのです。

　しかも、仕事がうまくいかずドツボにハマったとき、誰にも相談できませんでした。本書のストーリーでも書きましたが、このように「上司に相談できないビジネスパーソン」は

今の時代に増えています。若かりし頃の私も、まさにその典型でした。何かで仕事がうまくいかないとき、一人で悶々と悩んでしまう。そうするとますます仕事がうまくいかなくなり、悩みが深まる……。そんな悪循環にハマってしまったのが、挫折の大きな原因です。

◉ ロジカルシンキングで
壁を乗り越える力を届けたい

けれども、本書で学ぶロジカルシンキングを身につければ、物事を早く、深く考えられるようになります。そして、何よりも大事な「**チームで考える**」ということができるようになります。当時、二十代で悩んでいた私が本書を読んでいたら、上手に人に相談することで悩みの悪循環から抜け出し、その経験を糧にして一流のエンジニアになれたのではないかと、今でも夢想することがあります。

エンジニアを挫折したあとの私は、不思議な運と縁に導かれてロジカルシンキングを教える立場になっています。もともと教え始めたのは、グロービス・マネジメント・スクールでのクリティカルシンキング講師としてでした。その後、独自の方法論を広めるべくロジカルシンキング・カレッジを主催して、これまでに1万人を超えるビジネスパーソンにロジカルシンキングの基本とビジネスの現場での使い方を指導しています。

本書には、私が教える中で出会った人をモデルにした事例を含めています。彼らは、まさに昔私が感じていたものと同

じような悩みを持っていて、指導する中でまるで昔の自分と対話しているような錯覚に陥ることもありました。

　そんな想いで書いた本書ですが、対象はエンジニアの方だけではありません。むしろ、仕事の中で「壁」にぶつかっているビジネスパーソンにこそ役立ててほしいというのが本当のねらいです。特に、「考えること」が求められるポジションで苦労している方が手にとって、少しでも仕事をうまくやるきっかけにしていただければ、望外の喜びです。

■会員特典データのご案内
本書の読者特典として、「ロジックツリー作成の五大アプローチ」をご提供致します。
会員特典データは、以下のサイトからダウンロードして入手いただけます。

https://www.shoeisha.co.jp/book/present/9784798162935

●注意
※会員特典データのダウンロードには、SHOEISHA iD（翔泳社が運営する無料の会員
　制度）への会員登録が必要です。詳しくは、Webサイトをご覧ください。
※会員特典データに関する権利は著者および株式会社翔泳社が所有しています。許
　可なく配布したり、Webサイトに転載したりすることはできません。
※会員特典データの提供は予告なく終了することがあります。あらかじめご了承くく
　ださい。

●免責事項
※会員特典データの提供にあたっては正確な記述につとめましたが、著者や出版社
　などのいずれも、その内容に対してなんらかの保証をするものではなく、内容や
　サンプルに基づくいかなる運用結果に関してもいっさいの責任を負いません。

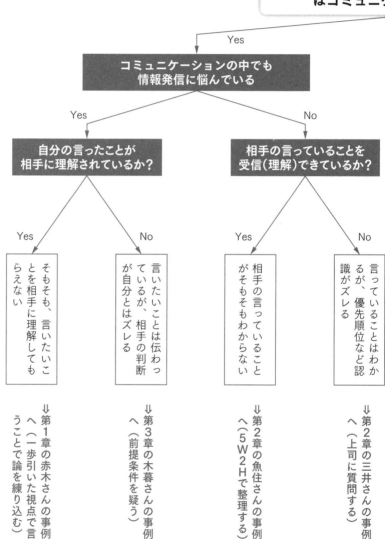

ロジカルシンキン
はコミュニケ

Yes

コミュニケーションの中でも
情報発信に悩んでいる

Yes / **No**

**自分の言ったことが
相手に理解されているか?** / **相手の言っていることを
受信(理解)できているか?**

Yes / **No** / **Yes** / **No**

そもそも、言いたいことを相手に理解してもらえない
⇩第1章の赤木さんの事例へ(一歩引いた視点で言うことで論を練り込む)

言いたいことは伝わっているが、相手の判断が自分とはズレる
⇩第3章の木暮さんの事例へ(前提条件を疑う)

相手の言っていることがそもそもわからない
⇩第2章の魚住さんの事例へ(5W2Hで整理する)

言っていることはわかるが、優先順位など認識がズレる
⇩第2章の三井さんの事例へ(上司に質問する)

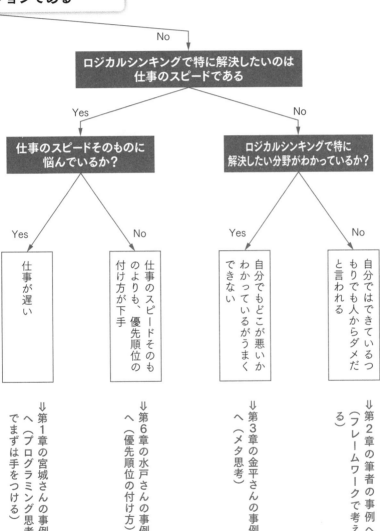

で特に改善したいの
ションである

No

**ロジカルシンキングで特に解決したいのは
仕事のスピードである**

Yes   No

**仕事のスピードそのものに
悩んでいるか?**   **ロジカルシンキングで特に
解決したい分野がわかっているか?**

Yes   No   Yes   No

仕事が遅い

仕事のスピードそのものよりも、優先順位の付け方が下手

自分でもどこが悪いかわかっているがうまくできない

自分ではできているつもりでも人からダメだと言われる

⇩第1章の宮城さんの事例へ(プログラミング思考でまずは手をつける)

⇩第6章の水戸さんの事例へ(優先順位の付け方)

⇩第3章の金平さんの事例へ(メタ思考)

⇩第2章の筆者の事例へ(フレームワークで考える)

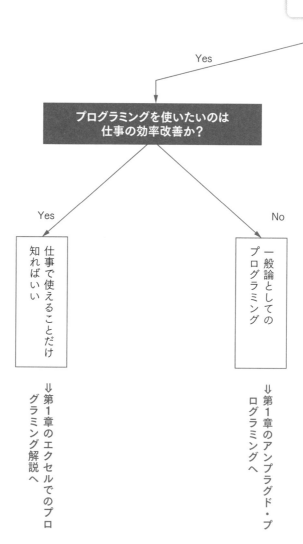

プログラミ
まった

Yes

プログラミングを使いたいのは
仕事の効率改善か?

Yes

No

仕事で使えることだけ
知ればいい

一般論としての
プログラミング

⇓第1章のエクセルでのプロ
グラミング解説へ

⇓第1章のアンプラグド・プ
ログラミングへ

No

プログラミングの文章(「コード」) を見たことがあるか?

Yes

No

実際にコードを
書いたり修正する

論理構成を設計できる
ようになる

⇓第6章のコードの修正問題
へ

⇓第6章のエクセルの練習問題へ

プログラミングとロジカルシンキングが一気にわかる本
アルゴリズムで論理の流れが見えてくる
目次

第1章 「プログラミング」と「ロジカルシンキング」の共通点

第2章 仕事がはかどる プログラミング思考

第3章　意外と知らない ロジックツリーの使い方

第6章 ｜ プログラミングで研ぎ澄ます 論理構成力

第 **1** 章

「プログラミング」と
「ロジカルシンキング」の共通点

1.1 あらゆる職場で求められている「プログラミング思考」

◉ 仕事のミスが多い人が知らない「自動化」仕事術

　AIは私たちの想定を超えるスピードで進化しており、将来的には人間の仕事にとって代わることすら現実になるといわれています。そのような中、エンジニアだけでなく**あらゆるビジネスパーソンにプログラミング的な発想が求められています**。

　具体的には、「**今やっている仕事を自動化するとしたらどうやるか**」という発想で、本書ではこれを「プログラミング思考」と呼びます。これによって、仕事の時間を節約でき、ミスを減らすことができるのが大きなメリットです。逆にいえば、時間がかかってしまったり、仕事でミスが多くて上司に注意されたりしている人は、プログラミング思考ができていないということです。

　実はそのような人は、「本来であれば簡単なものを難しく考えてしまっている」という特徴があります。ちょっと考えてシンプルなやり方をすればいいものを、見当違いな作業をいきなり始めて、かえって複雑なやり方をしてしまう。時間もかかればミスも出るし、その仕事のやり方は自分しかわか

らない「属人化」の問題も出てきます。結果として仕事を人に任せることができずに、自分の部署全体の効率を下げるボトルネックになりがちです。

　本書の主人公である宮城亮太さんも、そんな悩みを抱える一人です。若手の頃は、フットワークの軽さと愛嬌を武器に順調に仕事をこなしてきましたが、中堅になった今、伸び悩んでいます。特に、2年前に営業部から企画部に異動になってからは、スランプに陥っています。このままでは後輩に追い抜かされてしまうとの危機感を、本人も持っています。

　これから宮城さんが仕事の壁を乗り越えて成長していくストーリーを見ながら、仕事に使えるプログラミング思考を身につけていきましょう。自分の仕事にかかる時間を節約して効率化できる、そしてミスを減らして上司に怒られることがなくなるのが第一の目標です。

　そして、その先には、属人化を避けて仕事を誰かに任せることが簡単にできるようになり、多くの人と共同作業をすることができる未来が待っています。このような姿になれば、AI時代も怖くありません。むしろ、「**今やっている仕事を、自動化するとしたらどうやるか**」とプログラミング思考で考えれば、AIを使いこなして仕事ができるようになるのです。

● キッチンにもあったプログラミング教育

「もうこんな時間かぁ。明日の準備しなくちゃなぁ」

日曜日の午後7時。宮城亮太さんは、そうつぶやいて薄暗くなってきた部屋の明かりをつけました。正直なところ、明日会社に行くのはちょっと憂うつです。自分がうまく仕事をできていないという自覚はありますし、そのせいで何となく部署の中にも居場所がありません。営業の仕事をしていた頃は外回りが気分転換になりましたが、今の部署ではそれもなく、同僚とランチに行くのも気が重いほどです。

「いずれ社内でNo.1ビジネスマンと呼ばせてみせるって思ってたんだけどね、昔は」

ぼそぼそつぶやきながら、夕食の準備を始めます。こう見えて健康に気を遣う自炊派で、今日のメニューは肉野菜炒め。このときには気づいていなかったのですが、実はこの肉野菜炒めから宮城さんの成長ストーリーが始まっていたのです。

　なんだかさえない宮城さんですが、その夕食の肉野菜炒めを題材に、プログラミング思考を考えてみましょう。「今やっている仕事を、自動化するとしたらどうやるか」ですから、

料理の自動化です。さあ、もしプログラミングに命令して自動化するとしたら、どんな指示を与えればいいでしょうか。

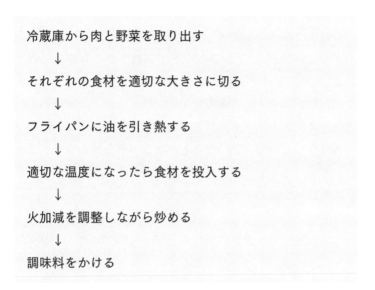

冷蔵庫から肉と野菜を取り出す
↓
それぞれの食材を適切な大きさに切る
↓
フライパンに油を引き熱する
↓
適切な温度になったら食材を投入する
↓
火加減を調整しながら炒める
↓
調味料をかける

このような一連の段どりが頭の中に思い浮かぶでしょう。

実は、このような考え方も、プログラミング思考の一部です。日常的な動作の中、それこそキッチンにだってプログラミング思考の題材は転がっているのです。

● スティーブ・ジョブズも憧れた？ 「アンプラグド・プログラミング」

　このように、コンピュータを使わずともプログラミングを考える方法論は、「**アンプラグド・プログラミング**」と呼ばれます。「アンプラグド」は、「電源プラグ」を使わないというニュアンスです。音楽業界でも、エレキギターを使わずにアコースティックギターだけで楽曲を演奏するのが一時期ブームになったので、聞いたことがある方も多いかもしれません。そうすると、「アンプラグド・プログラミング」という言葉の意味をわかってもらえるでしょう。

　この方法論は、世界的に見ると子どものプログラミング教育では「常識」と呼びたくなるくらいの大きな流れになっています。その代表例が、フィンランド出身のイラストレーター、リンダ・リウカスさんが書いた『ルビィのぼうけん』（翔泳社）という本です。5歳の子どもにも楽しめるように書かれたこの絵本は、読み進めるうちに知らず知らずにプログラミングの重要な考え方が身につくようになっています。このような本が、続編、続々編とシリーズ化され、世界20カ国以上で翻訳されているほどです。

　日本においても、文部科学省が定める小学校でのプログラミング授業は、「プログラマーを育成したり、コードを覚えることが目的ではない」と明確にうたわれています。必要なのは、プログラミング的な思考法です。すなわち、「**情報活用能力を育成するために、コンピュータに意図した処理を行**

うように指示することができる」ことなのです。

実は、iPhoneやiPadの生みの親である故スティーブ・ジョブズ氏も、同じようなことをあるインタビューで力説しています。

It had nothing to do with using them (computers) for anything practical.It had to do with using them to be a mirror of your thought process, to actually learn how to think.
（コンピュータを使うことで大事なのは、具体的な何かを実行させることではないんだ。むしろ大事なのは、自分の考えを客観視することだ。まさに、考えることを学ぶということなんだよ）
出典：https://www.youtube.com/watch?v＝zlBr4SI-NYY

これなどまさにアンプラグド・プログラミング的な考えだと筆者は受け止めています。しかも、ジョブズ氏はこの考え方を家庭内でも実践していたフシがあります。その根拠が、ジョブズ氏は自分の子どもにはiPadを使わせなかったというエピソードです。

つまり、iPadなどの「現物」が目の前にあると、子どもの創造力が広がらず、結果としてプログラミング思考は身につかないことを懸念したのではないでしょうか。もしこれが事実であれば、アンプラグド・プログラミングこそが、子どもにとって最適なプログラミングの学び方といえるのかもしれ

ません。

　アンプラグド・プログラミングについては本書ではこれ以
上は解説しませんが、興味がある方は「わくわくキッズ」の
ホームページをチェックしてみてください（http://
waku2kids.jp/）。運営されているのは小学校の元教員の方で
す。そのような立場の人が、アンプラグド・プログラミング
的な考え方に基づいたコンピュータ教育に注力しているとい
う事実は、とても示唆に富んでいます。

◉ ロジカルシンキングで細部を詰めれば鬼に金棒

　では、本題に戻って、改めて先ほどの料理の段どりを見直
してみましょう。というのは、先ほど考えたものは、細部が
詰められておらず漠然としたところが残っているからです。
たとえば、最初は「冷蔵庫から肉と野菜を取り出す」ですが、
もし肉がなかったら、そこで作業はストップしてしまいます。
　これをコンピュータに自動実行させたなら、「ピー。エラ
ーが発生しました」といったメッセージが出て、ストップし
てしまうでしょう。パソコンのソフトでもそうですが、思い
通りに動かずにイライラしてしまいます。

　そこで、役立つのがロジカルシンキングです。詳しくは後
ほど解説しますが、ここでは次ページにある「**ロジックツリ
ー**」というツールを使って詳細を詰めていきましょう。

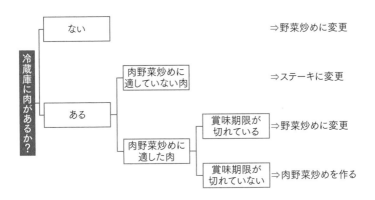

　このように場合分けをして、「**こういう状況だったらどう する**」ということを決めておけば、プログラミングもちゃん と動くようになります。

　ここまではわかりやすく料理を題材に見てきましたが、こ のような頭の使い方はビジネスでも同じです。何か問題を解 決しようと思ったらプログラミング思考で、「今やっている 仕事を、自動化するとしたらどうやるか」をざっくりと考え て段どりを作る。その後はロジカルシンキングで細部を詰め る。こんな両方の発想法ができるようになると、まさに鬼に 金棒です。

1.2 一緒に学ぶとわかりやすい「プログラミング」と「ロジカルシンキング」

● ロジカルシンキングができない人の共通点

筆者は「ロジカルシンキング・カレッジ」を主催し、これまで1万人を超えるビジネスパーソンにロジカルシンキングを教えてきました。受講するのは、「上司に言いたいことが伝わらず、『おまえの言っていることがわからない』と言われてしまう」「部下に仕事の指示をしたはずが、内容を完全に誤解されていた」といった悩みを抱える人たちです。

そんな中の一人、赤木さん（仮名）と話すと、そうした悩みが生じる理由がわかりました。ちなみに赤木さん、32歳のビジネスマンで、スポーツマン風のさわやかな感じです。

「いや〜、こないだも上司に怒られちゃいましたよ」
「どんな会話だったの？」
「お客様からクレームを受けたんですけどね、それがまた話の長い方で。いろいろ聞いてわかったんですが、結局うちの責任じゃなかったんですよ。それで上司に……」

と話し始めました。

　聞きながら私はだんだんイライラしてきて、毎日のようにこれを聞かされる上司に同情しました。結論がわからない話を聞かされても困ってしまうからです。いろいろ聞き出すと、実際の上司への報告は次のようなものでした。

「実は昨日お客様のＡ社から電話を受けまして、担当のＢ様がおっしゃるには、先日納品した製品に不具合があるのではないかとのことです。ですから私としては……」

　聞いている上司はイライラしてきて、「で、結論は何なの？」と途中で話を遮ってきます。

　この場合の赤木さんへのアドバイスのポイントは、**相談したいことを最初に言うこと**です。たとえば、このような話し方です。

「今週中にＡ社を訪問するのですが、ご同行いただけますか。担当のＢ様から、製品に不具合があるのではないかと連絡を受けたのですが、それは先方の使い方の問題だと思います。ただ、私だけでは説明する自信がないものですから、お願いしたいのです」

　これならば、上司も「わかった、同行しよう」でも、「いや、頑張って一人で行ってくれ」でも決断をしやすくなります。

　赤木さんのように「伝わらない」話し方をしてしまうこと

に心当たりのある人も多いでしょう。その原因は、「**一歩引いた視点**」から物事を見られないということです。たとえば上司に報告・相談するときで考えてみましょう。一歩引いた視点というのは、自分100％ではなく、聞き手のことも考えることです。つまり、「部下である自分が何を言おう、どういう順番で言おう」ではなく、「**聞き手である上司に何をしてもらいたいのか**」という発想です。

　ところが、多くの人はこのような発想をしません。結果として先ほどのような会話例になり、上司に怒られてしまうのです。

● プログラミング時代にも求められる 「一歩引いた視点」

　実は同じような「一歩引いた視点」がプログラミングでも求められます。そう聞くと、意外に思う人が多いかもしれません。プログラミングと聞くと、

・英語っぽい「言語」でややこしそう
・レゴブロックを動かすとか？
・エンジニアみたいな専門家の人しかわからないんでしょ？

というイメージを持つのが普通でしょう。もちろん、それはそれで正しいのですが、実際のところ大事なのは、「**コンピュータに何をしてもらいたいのか**」を一歩引いた視点から**考えること**なのです。つまり、プログラミングとは、コンピュータにわかる言語で命令をして、「**今やっている仕事を、**

28

自動化するとしたらどうやるか」を伝えてあげることが根本なのです。

　もちろん、プログラミングを学ぶ中で、たとえば「レゴブロックを動かそう」という演習は出てきます。あるいは、実際にプログラミングを書くとなると英語のような文章も必要になります。本書でも第5章でプログラミングの内容に踏み込んで、サンプルを紹介しています。ただし、その際に、一歩引いた視点から、「何を実現するか」を忘れてしまっては「そもそも」の意味がありません。

　1つ実例でこれを確認してみましょう。といっても、難しい話ではありません。多くの読者がなじんでいるであろうExcelを使いながら、「プログラミングとは、こんなものなのか」と理解してみましょう。

◉ 初心者がプログラミングを学べる「あの」定番ソフト

Excelの中に、次のような会社の一覧表があったとします。

	A	B	C	D
1	会社名	従業員数	売上高 (億円)	資本金 (億円)
2	湘北産業	49	7	3.2
3	陵南商事	366	57	3.5
4	海南物産	274	73	1.7
5	山王工業	267	39	2.9
6	愛和実業	485	142	4.9
7	名朋商店	463	29	4.0
8	大栄建設	302	34	2.1

A列には会社名が並んでいて、B列、C列、D列にはそれ
ぞれ、従業員数、売上高、資本金が格納されています。仮に、
この中から「大企業」だけを選択するという仕事をするとし
ましょう。その際、大企業の条件は下記とします。

従業員が300人より多い
かつ
売上高が30億円より多い
かつ
資本金が3億円より多い

一歩引いた視点を持たない人は、「え〜っと、まずは従業

員が300人以上のところにチェックをつけてみよう……」と
次のような見当違いな作業をいきなり始めてしまいます。

	A	B	C	D
1	会社名	従業員数	売上高 （億円）	資本金 （億円）
2	湘北産業	49	7	3.2
3	陵南商事	366	57	3.5
4	海南物産	274	73	1.7
5	山王工業	267	39	2.9
6	愛和実業	485	142	4.9
7	名朋商店	463	29	4.0
8	大栄建設	302	34	2.1

　同じように、「売上高が30億円より大きいのに色をつけて、
資本金3億円より大きいのに……」とやっていくと、次のよ
うな目がチカチカする表が出来上がりました。

	A	B	C	D
1	会社名	従業員数	売上高 （億円）	資本金 （億円）
2	湘北産業	49	7	3.2
3	陵南商事	366	57	3.5
4	海南物産	274	73	1.7
5	山王工業	267	39	2.9
6	愛和実業	485	142	4.9
7	名朋商店	463	29	4.0
8	大栄建設	302	34	2.1

　この表を見て、「そうすると、3つの列のすべてに色がつ

いている陵南商事、愛和実業、名朋商店が大企業にあたるん
だな」と、結論を出しました。

　ただ、このリストは7社だけなのでこのやり方でもどうに
かなりますが、もしも1,000社も掲載されていたら、時間が
かかって仕方がありません。しかも、このような作業のやり
方ではミスが出やすくなります。実際、前ページの表にもミ
スがあることに気づいたでしょうか。

　実は、名朋商店の売上高は、29億円で先ほどの大企業の
基準、「売上高が30億円以上」を満たしていないので、本当
は色をつけてはいけなかったのです。表中の企業の多くに色
をつけていたので、そのまま勢いで色をつけてしまったのか
もしれません。このまま上司に報告したら、「名朋商店は違
うよね？」と指摘を受けて、「こんな簡単な作業もまともに
できないのか」と信頼を失いかねません。

　そして、このように色をつけるやり方だと、他の人に仕事
をお願いすることができません。たとえば、社内で話し合っ
た結果、従業員に関する条件を「300人より多かったら大企
業とみなす」ではなく、「400人より多かったら大企業とみ
なす」ことに変更になったとしましょう。

　たまたまあなたは別の仕事で手がふさがっていたので、上
司はその作業を別の部下に任せることにしました。「従業員
に関する条件を変えて、改めて大企業を選択してください。
既に300人より多いという条件で作業が進んでいるから、そ
れを参考にしてください」と指示を出しました。

　そう言われてExcelファイルを開いた別の部下は大変です。

色の付け方が属人的なので、「どういう意味合いで色をつけたか」がわかりにくいですし、それがわかってもまた色づけをやり直さなければなりません。

ところが、一歩引いた視点でプログラミング思考ができる人は違います。「Excelの計算式を使って判定すれば、わかりやすいんじゃないかな？」と考えることができます。

具体的には、セルE2に次のような数式を入力しました。

	A	B	C	D	E
1	会社名	従業員数	売上高（億円）	資本金（億円）	従業員チェック
2	湘北産業	49	7	3.2	= IF(B2 > 300,1,0)
3	陵南商事	366	57	3.5	
4	海南物産	274	73	1.7	
5	山王工業	267	39	2.9	
6	愛和実業	485	142	4.9	
7	名朋商店	463	29	4.0	
8	大栄建設	302	34	2.1	

意味合いとしては、B2のセルの数値が300人より多ければ「1」を、そうでなければ「0」を表示するという式です。

この結果、Excelシートが次ページのように表示されます。

	A	B	C	D	E
1	会社名	従業員数	売上高 （億円）	資本金 （億円）	従業員 チェック
2	湘北産業	49	7	3.2	0
3	陵南商事	366	57	3.5	1
4	海南物産	274	73	1.7	0
5	山王工業	267	39	2.9	0
6	愛和実業	485	142	4.9	1
7	名朋商店	463	29	4.0	1
8	大栄建設	302	34	2.1	1

　似たようなことを売上高でも、資本金でも行い、その3つにすべて「1」が入力されているものが大企業にあたります。あるいは、「総合チェック」という欄を設けて、ここが「1」の会社、すなわち陵南商事と愛和実業が大企業にあたることがパッとわかります。

	A	B	C	D	E	F	G	H
1	会社名	従業員数	売上高 （億円）	資本金 （億円）	従業員 チェック	売上高 チェック	資本金 チェック	総合 チェック
2	湘北産業	49	7	3.2	0	0	1	= E2*F2*G2
3	陵南商事	366	57	3.5	1	1	1	1
4	海南物産	274	73	1.7	0	1	0	0
5	山王工業	267	39	2.9	0	1	0	0
6	愛和実業	485	142	4.9	1	1	1	1
7	名朋商店	463	29	4.0	1	0	1	0
8	大栄建設	302	34	2.1	1	1	0	0

　なお、総合チェックのH列では、掛け算を使用しています。「＊」（アスタリスク）はExcelでは掛け算を意味しますから、

たとえば数式が見えているH2のセルだったら、E2のセル×
F2のセル×G2のセル、つまり０×０×１＝０になります。
３つのセルの中のどこか１つでも「０」が入っていると答え
はゼロになります。逆に、すべてに「１」が入力されている、
すなわちすべての条件を満たしているものだけが、H列に「１」
が入ることになって、大企業を見つけることができるのです。

　しかも、このようなプログラミングであれば、あとから条
件が変わったとしても対応するのが簡単です。セルE2に入
れた数式、

　＝IF（B2 > 300,1,0）

を、

　＝IF（B2 > 400,1,0）

と変えるだけで、H列に「１」が表示されているのが大企
業であることには変わりないのですから。

　いかがでしょう。プログラミングでも、「一歩引いた視点」
が大事なことが理解いただけたのではないでしょうか。
　なお、ここまで読んで、本物のプログラマーの思考法を詳
しく知りたくなった方には、清水亮さんの著書『最速の仕事
術はプログラマーが知っている』（クロスメディア・パブリ
ッシング）をお勧めします。著者の清水さんは、「プログラ

ミングに熟達すればするほど、コードをガリガリ書く時間よりも、むしろ書かない時間にこそ仕事の神髄がある」と、一歩引いた視点の重要性を踏まえて、すぐにでも役立つテクニックを紹介しています。まさに本書と同じスタンスですから、プログラミング思考で仕事を効率化したい方にはお勧めです。

1.3 裏が見えると解消される 「プログラミング恐怖症」

◉ どちらも「絶対的な正解」はない プログラミングとロジカルシンキング

先ほどの Excel の例で、もうひとつ気づいてもらいたいのが、**プログラミングにおいては唯一絶対の正解はない**ということです。「一歩引いた視点」で定めた結果をゴールと考えた場合、そこにたどり着く道筋はさまざまです。

似たような話は、ロジカルシンキングにもあります。たとえば、先ほどの赤木さんと上司の会話で考えてみましょう。この場合、「一歩引いた視点」で定めたゴールは、「上司に自分の言いたいことをわかってもらう」ということです。あるいは、「お客様のA社に同行してもらうよう、上司を説得する」でもけっこうです。

このゴールを達成するための道筋はさまざまです。先ほどの例として出したように、いきなり「A社に同行していただけますか？」と結論から話し出すのは「王道」ともいえる誰にでも通用する話し方です。

しかし、それ以外にも上司に納得してもらう方法はありま

す。相手によっては先に事情を整理して説明することで状況を理解してもらってから判断を仰ぐやり方もあり得ますし、あるいは「課長、困っちゃいましたよ〜」というところから始めて、ストーリーで引きつける方法もあり得ます。

　要するに大事なのは、**その場の状況に合わせて最適な方法を選べること**です。したがって、これから本書を読み進めるにあたっても、回答例を「これが正解だ」と捉えるのではなく、「こういう風なステップを経て考えるとよい」というプロセスに重点を置くスタンスで読み進めていってください。

◉ プログラミングの理解を邪魔する2つの壁

　ここまで読むと、「今やっている仕事を、自動化するとしたらどうやるか」というプログラミング思考についてピンときていただけるのではないでしょうか。Excelの表にポチポチと自分で色をつけるような、効率が悪くミスを招きやすい仕事の仕方は、会社の中にいくらでもあるでしょう。これを変えて、計算式で「自動化」するような仕事の進め方をマスターすれば、より早く、ミスも少なく仕事を完了することができます。

　とはいえ、多くの人はここまでExcelを使いこなせていないのが実情でしょう。なぜならば、使いこなすための壁は2つあるからです。

　1つ目は、Excelそのものの話です。「関数」といいますが、先ほどの数式でいうとIFを使った数式を知らなければ、

Excelでプログラミング思考を実現できません。ただ、この第1の壁を乗り越えるのはそれほど難しいものではありません。というのは、最低限覚えるべき関数はそれほど多くないからです。極論すれば、ここに出てきたIF関数さえ使えれば、Excelでプログラミングはできます。その使い方はインターネット上でもいろいろと解説されていますし、30分もあればマスターできるでしょう。なお、本書を執筆するにあたって何度も参考にしたお勧めのウェブサイトがありますので、これについては第6章でご紹介します。

　第2の、そしてより重要な壁が、関数をどう使うかの「**論理構成**」です。論理構成とは、「もしある条件がAだったら●●を、Bだったら■■を」のような動作の指示です。先ほどのような、IF関数によって従業員数がある一定の水準をクリアしているかをチェック、そして売上高、資本金に関し

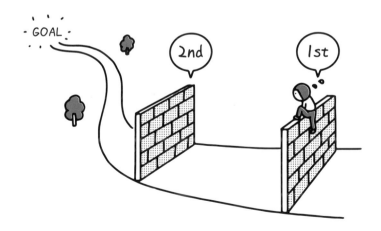

ても同様に……。そして合計の数値を求めるという流れを自分で考えられるようにならないと、Excelを使ったプログラミングはできません。

この第2の壁を乗り越える方法を説明するのが本書の役割です。Excel そのものはサブのテーマとして解説していますが、**それ以上に重要なのは物事の段どりをどう考えるかを学んでもらうこと**です。論理構成力をしっかりと身につけることこそが、仕事をミスなく、速く、共同して行うことの肝です。

なお、このような論理構成は、当たり前ですが本当のプログラミングでも必要です。詳しくは本書の第5章で見ますが、プログラミングというとコンピュータにわかる「言語」を書くというイメージが強いと思います。ところが、実際のところは、言語を書く前に論理構成をしっかりと考えないと、プログラミングがうまく動くことはありません。

◉ 人間同士の会話でも必要になる論理構成

ここまで、コンピュータに自動化させるために指示するという観点で、論理構成の重要性を見てきました。そして、これは人間同士のコミュニケーションでも同じです。職場で、誰かに何かを指示してやってもらうというのは、いわば相手にその仕事を「自動化」してやってもらうことですから、プログラミング思考と同じです。その際、「もしAという状態だったら1に、Bという状態だったら0に」のような論理構

成の指示を明確に出さないと、相手は動いてくれないのです。

　たとえば、先ほどの赤木さんの例でいえば、「お客様の誤解を解くためには上司の力が必要だ」という論理構成がわかってくれないと、上司は動いてくれません。人間同士のコミュニケーションの場合は、赤木さんの上司のように、「結局何を言いたいの？」と、そこで作業がストップしてしまいます。まるでそれは、エラーメッセージが出てコンピュータが止まってしまうようなものでしょう。これが仕事を遅らせる、大きな要因になっています。

　あるいは、上司から部下へのコミュニケーションも同様です。単に「この作業をやって」という指示だけでは、部下の仕事へのモチベーションも下がりますし、自分が望んだ成果物を部下が提出してくれるとは限りません。部下のほうは、何を求められているかよくわからないまま、口では「はぁ、わかりました」と言って、自分なりの解釈で仕事に取りかかります。

　しかし、この場合出来上がったものは、上司の期待したものとは全然違うものになってしまいます。それを見て、「いや、頼んだのと全然違うじゃないか」と言っても後の祭りです。もう一度詳しく説明して相手にその仕事をやってもらうか、あるいは自分でやるしかありません。コンピュータなら目に見えるエラーも、上司と部下の場合では目に見えにくく、かえってコミュニケーションが難しいかもしれません。

　そうではなく、「うちの部署はこういう事情だから、この

仕事をやってほしい」と指示できるのが、部下を上手に「自動化」して使える上司です。そのためにも、先ほどのExcelの例のように論理構成をしっかり考える癖をつける必要があるのです。

第 1 章のまとめ

- プログラミング思考とは、「今やっている仕事を、自動化するとしたらどうやるか」を考えること
- これによって仕事の効率化、ミス削減、共同作業ができる
- 料理のような題材からでもプログラミング思考は学べる
- 子どものプログラミング教育でも使われるアンプラグド・プログラミングは要チェック
- 一歩引いた視点があるとプログラミング思考もロジカルシンキングも身につけられる
- 論理構成がしっかりしないと言いたいことが伝わらない
- 「絶対的な正解」はないので、状況に合わせて最適な方法を選ぶことが重要

第 2 章

仕事がはかどる
プログラミング思考

2.1 上司に質問できない ビジネスパーソンの末路

◉ 中堅で伸び悩む人のチェックリスト

第1章では、プログラミングとロジカルシンキングが似ていることを説明するため、わかりやすい題材として料理の手順を用いました。ここからは、実際の仕事で活かすため、具体的な職場の状況で考えてみましょう。

主人公の宮城さんが新たな仕事に取り組むため、ちょうど安西課長に呼ばれたところですが……。

「宮城さん、今度うちで展示会に出展することになったのですが、その責任者をやっていただけますか?」

「展示会って、あの大きい会場にブースを出すヤツですか?」

「そうです。うちの新商品のお客様を見つけたいと思っているんです」

「わかりました。展示会の期間は何日からですか？　その間、ブースにいればいいんですね？」

「いえ、ブースにいて実際に接客するのは若手に任せましょう。むしろ宮城さんにお願いしたいのは、企画まで含めた全体の責任者なんです」

「企画ですね、わかりました。では、まずはその展示会の情報をいただけますか？」

　自分のデスクに戻って安西課長から受け取った資料を見て、その展示会が3カ月後にお台場にある展示場で開催されることがわかりました。ただ、そこに向けての「企画」というのに、どこから手をつけていいのかまったくわからないというのが正直な状況です。「だったら上司に聞けば？」と思うかもしれませんが、今の宮城さんは、「何を聞いたらいいかもわからない」状態です。

　読者の中にも、ひょっとしたら似たような経験をお持ちの方がいるかもしれませんが、もしそうであったら要注意です。なぜならば、そのような人は中堅以降で伸び悩むケースが多いからです。

◉ ひそかに増えている上司に聞けない ビジネスパーソン

　昔は仕事がもっとシンプルでしたし、上司や先輩にやり方を聞けば、「それはこうやるんだよ」と手取り足取り教えて

くれたでしょう。しかし、今のような変化が激しい時代では、それは通用しません。

　上司ですらやり方をわからないこともありますから、「そこをゼロから考えてほしいから部下に任せている」ケースすらあるのです。ですから、上司に聞くといっても、具体的なやり方ではなく、

　　・なぜこの仕事が必要かという背景と目的
　　・考える際に参考になる事例
　　・仕事が出来上がったときの合格基準

などを「話し合う」必要があるのです。

　ところが、普段からロジカルシンキングで考える習慣がない人は、このような質問すら思い浮かびません。「上司にも聞けないし、どうしたらいいんだろう？」と悩んでいるうちに時間が経って、上司から「どうなっている」と聞かれても、「すいません、何も進んでいません」と答えるのが関の山です。

　筆者の主催するロジカルシンキング・カレッジでも、似たような方がいました。3年ほど前、集中して通ってくれていた三井さん（仮名）です。当時、30歳ぐらいだったでしょうか。まさにこのケースのように、「上司に質問できない」という悩みを抱えていました。いろいろとアドバイスさせてもらったこともあり印象に残っている方だったので、最近たまたまお会いしたときにすぐに思い出しました。

　ただ、仕事の状況を聞いてみると、今もうまくいっていな

いようです。「あのときお話しした、上司に質問しながら話し合うのはうまくいっていますか?」とそれとなく聞いてみると、「いろいろやってはみたんですけどね。でも、上司ももっとしっかり指導してくれてもいいんですよ」とご立腹の様子です。

　ある意味それは正論で、本当は上司が丁寧にフォローアップするべきでしょう。でも、今の時代は上司も「プレイング・マネージャー」化しているので、そこまでしている余裕がありません。無責任といえば無責任ですが、思った通りに仕事を仕上げてくれない部下を見ると、「おいおい、せっかく任せたのに、できてないのかよ」と心の中で思っているのが今の時代の多くの上司の姿です。

　そうすると上司も、部下に与える仕事を選ぶようになります。「彼(女)には、自分で考える仕事は難しいから、単純作業を任せておこう」となるのは目に見えています。ただ、この単純作業というのはAIの得意領域ですから、今後そのような仕事をする人材は必要なくなっていきます。上司に質問することができないビジネスパーソンの未来は厳しいといわざるを得ません。

◉ プログラミング思考で踏み出す小さくて大きな一歩

　そんな「質問できない」状況を乗り切るために大きなサポートとなってくれるのが「**プログラミング思考**」です。宮城さんも早速、肉野菜炒めを作りながら気づいた「今やってい

る仕事を、自動化するとしたらどうやるか」という思考法で、
次の段どりを思いつきました。

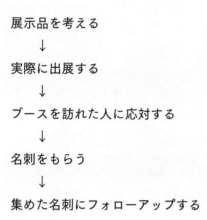

展示品を考える

　　↓

実際に出展する

　　↓

ブースを訪れた人に応対する

　　↓

名刺をもらう

　　↓

集めた名刺にフォローアップする

ここまで考えれば、何とか上司に相談もできるでしょう。

「課長、ざっくりとですがこのような段どりで考えたの
ですが、課長のイメージと合っているでしょうか？」

と。

　上司が部下に仕事を任せるというのも、「今やっている仕事を、部下に任せて自動化するとしたらどうやるか」ということですから、プログラミング思考と同じです。したがって、任された部下のほうがプログラミング思考で段どりを考えるのは理にかなっています。

2.2 プログラミング思考で実現できる上司との「まともな会話」

◉ 実力・評価がアップする、一石二鳥の上司との会話

　安西課長は、宮城さんが考えたアプローチを見てお褒めの言葉をくれました。しかも、それだけでは終わらず、次のステップへのアドバイスをくれています。

「このような考え方はとてもいいですね」

「はい、ありがとうございます」

「ただ、この段どりではモレがありますよ？」

「はぁ……」

「たとえば、名刺のフォローアップをして仕事は終わり

ですか？　本当の目的は、その先にあるのでは？」

「確かにそうですね。新製品を販売することを考えると、受注を獲得しないと意味がありませんね。うっかりしていました」

　このように、自身で議論の「たたき台」になるような素案を考えて、上司にダメ出しをしてもらいながらよりクオリティの高いものに仕上げていくのが仕事における「まとも」な会話です。

　このような会話をすることのメリットは仕事の出来がよくなるだけではありません。まず、**自身の実力がつくこと**。上司は部下よりもビジネスの実力は上です。特に判断力は、上司と部下の間では大きな差があります。情報を収集してその裏にある因果関係を洞察し、最もいい打ち手を選ぶというプロセスは、経験の裏打ちが必要だからです。ですから、上司とまともな会話をしながら、この経験に裏打ちされた判断力をいい意味で盗み取ることで、経験が少なくとも判断力を上げることができるのです。

　別のメリットとしては、**上司の覚えがめでたくなって、評価が高くなります**。上司の目から考えてみてください。自分とまともな会話をしながら仕事のクオリティが上がって、しかも能力もアップする部下を頼もしく思わないはずはありません。

結果として、人事制度での評価もアップしますし、さらなる成長につながるよう、難易度の高い仕事を与えてくれるでしょう。それをクリアすればまた次……と、まるでゲームの中でキャラクターのレベルが上がるように自身の実力が上がるのが、仕事の醍醐味です。

　もちろん、そんなに親切で有能な上司ばかりではないという現実（リアリティ）も筆者は知っています。ボーッとビジネス人生を生きてきた人は、年齢を重ねていても的確な判断ができません。あるいは、自分は「できる」人材でも、教えるのが下手、あるいは教えたくないという上司も世の中にいます。
　そんなときには食い下がって、上司の意見を「引き出す」ことにトライしましょう。

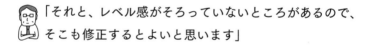
「それと、レベル感がそろっていないところがあるので、そこも修正するとよいと思います」

「え？　レベル感ですか？　具体的にはどの辺でしょう？」

「ここにある『展示品を考える』というのは、ものすごく具体的な行動です。でも、その次の『実際に出展する』は、ざっくりとした抽象的な考えになっていますよね」

「抽象的というと？」

「出展するには、具体的な展示品設営もあれば、人員配置のスケジュールを考える必要もありますよね？　あるいは他にも具体的な作業はさまざまあって」

「はい」

「宮城さんの段どりにある『実際に出展する』というのは、それらを束ねたものですね？」

「そうですね。言われてみれば」

「それが先ほど言った『ざっくりとした抽象的な考え』ということです」

「なるほど。具体的なものと抽象的なものが同じレベルで並んでいるとおかしい、ということですね」

「その通りです。そう考えながらモレやダブリをなくしていけば、よりよい段どりを考えることができますよ」

　上司からの指示に「はい」と答えるだけでなく、不明な点

はより細かく聞くことでさらなる意見を引き出して、手応え
を感じた宮城さんでした。

　なお、上司に恵まれない方や、フリーランスなどで一人で
働いている方は、上司の代わりに「自問自答」してみましょ
う。その際、渡辺パコ、chigyo-labo『56の質問カードで身
につくプロの課題解決力』(かんき出版)が役立ちます。書
名にある通り、質問カード形式でカードが添付されているの
で、それをめくりながら自問自答すると自分だけでは発見で
きなかったポイントが見つかります。

● コンピュータも苦手だったモレなくダブりなく

　安西課長が指摘したのは、段どりを考えるときには「**モレ
なくダブりなく**」ということです。ロジカルシンキングでは、

　Mutually (お互いに)
　Exclusive (ダブりがなく)
　Collectively (全体として)
　Exhaustive (モレがない)

　の頭文字をとって「**MECE**」(ミーシー) と呼ばれる考え
方です。これだけ聞くと、「まあ、そうだよな」と思うかも
しれません。ところが、実際にビジネスの現場で段どりを考
える際、MECEにしようとすると意外なほど苦労するもの
です。

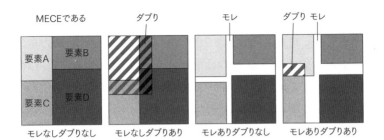

MECEである	ダブリ	モレ	ダブリ モレ
要素A 要素B 要素C 要素D			
モレなしダブリなし	モレなしダブリあり	モレありダブリなし	モレありダブリあり

　ちなみに、MECEの重要性はプログラミングでも同じです。**事前にユーザーが行う操作をMECEに考えて、その操作に対するプログラムの動きをすべて想定しておく必要があります。**ところが、MECEに考えたと思ってもモレがあったということがしばしば起こります。そうすると、プログラミングがストップしてしまうのです。

　もちろん、本職のプログラミングをする人たちは、これではまずいことはわかっています。そのために「テスト」といいますが、プログラミングの最終工程では必ず動作チェックを行います。ただ、大規模で複雑なプログラミングではもしAだったら○○、Bだったら△△という分岐条件があまりにも多いため、MECEかどうかのチェックがモレてしまい、プログラムがストップしてしまうこともあるのです。

　実際のビジネスの世界では、MECEでないから作業がストップということは許されません。何とかそこは臨機応変に対応して、仕事を継続していくでしょう。ただ、その場合は、例外的なことが起こるたびに、誰かにいちいち聞いたり、調整したりしながら進めるので、効率が悪くなります。

　もしご自身の職場で、上司や同僚たちが、「この場合はど

うしたらよいですか？」「お客様がこう言っているのですが、どう対応したらよいですか？」などの会話を交わしていたら、仕事の段どりがMECEではないサインです。本書を読み終わったあとでは、そのような非効率な状況を改善するヒントが見つかるでしょう。

◉ MECEを発見するためのサンマ感

では、どうやってMECEを実現するか。そのヒントが先ほどの安西課長と宮城さんの会話の中にあります。プログラミング思考で何かの段どりを考えた際、抽象と具体のレベル感がそろっていないものがあるとMECEになりません。逆にいえば、このレベル感の違いに気づき、それを改善することでMECEにしやすくなるのです。

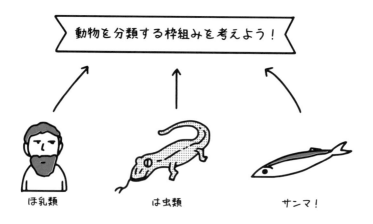

動物を分類する枠組みを考えよう！

ほ乳類　　　　　　は虫類　　　　　　サンマ！

　筆者はこのようなレベル感の違いのことを、「**サンマ感**」と呼んでいます。これは、あるときに筆者が講師を務めるセミナーで起こった出来事がきっかけです。「動物を分類する枠組みを考えよう」というときに、「ほ乳類」、「は虫類」……と出てきたときに、ある参加者が手を挙げて、「はい！次はサンマ！」と言ったのです。

　さすがにこれは笑い話のようなものですが、実際のビジネスの現場でもサンマ感のある発言をする人はいるものです。人のふり見てわがふり直せではないですが、自分自身もサンマ感がない段どりを考えるようにしましょう。

2.3 二十代の私が知りたかったフレームワークの使い方

◉ フレームワークで見えてくる「これまでと違う世界」

　前述のサンマ感に加えて、MECEに考えるもうひとつの方法論として、「**フレームワーク・アプローチ**」も紹介します。「フレームワーク」は、「ビジネス・フレームワーク」とも呼ばれますが、ビジネスのさまざまな側面で、何かを考える際のよく知られたチェックリストです。さまざまな側面というのは、マーケティング、つまりモノやサービスが売れるための仕組み作りもあれば、組織作り、そして企業の戦略の立案もあります。つまり、ビジネス・フレームワークを知ることで、MECEに、かつビジネスをさまざまな側面から考えることができるようになるのです。

　これは、もしタイムマシンがあって昔に戻れるのであれば、二十代だった筆者に教えてあげたいぐらい大切な方法論です。「はじめに」にも書きましたが、筆者はわずか3年でエンジニアの道を挫折しました。もしも、ビジネス・フレームワークをきっかけに、ビジネスに関してもっと洞察力を養っていれば、違うキャリアがあったのではないかと今でも思うのです。

　エンジニアである限り、技術を学ぶのは重要です。まして
や当時は、大型コンピュータからパソコンへと切り替わる大
きな変化を迎えていましたから、その流れを知ることも重要
です。しかし、ビジネス、あるいは言葉を選ばずにいえば、
「お金儲けの方法」を知らない限り、エンジニアとして一流
にはなれないと、今の筆者は思っています。

　その際の切り口が、ビジネス・フレームワークです。もし
当時の筆者がビジネス・フレームワークを学んでいたら、そ
れこそビジネスのアイデアをアッという間にプログラミング
に落とし込んで実現する、スーパーエンジニアになれていた
かもしれません。まあ、スーパーは言い過ぎかもしれません
が、今よりも上手にビジネスの段どりを描けていたことは間
違いないでしょう。

　たとえば、フレームワークを当てはめることで、先ほどの
宮城さんの考え方を見直してみましょう。安西課長に指摘さ
れたのは展示会への出展で、そのせいもあって本来の仕事で
考えるべき他の側面がぽっかりと抜けてしまっているのに気
づいたでしょうか。

　実は展示会というのは、「いかに多くの人に知ってもらう
か」という告知方法を考えているに過ぎません。でも、実際
のところは、1つの製品が継続的に売れ続けるような仕組み
作りには、他の要素も考えるべきなのです。それを表したの
が「**マーケティングの4P**」と呼ばれるビジネス・フレーム
ワークです。

Product（プロダクト：製品そのものにどのような特徴を持たせるかという製品設計）

Price（プライス：定価いくらで販売するかという値付け）

Promotion（プロモーション：どのような方法で世の中に知らせるかという告知方法）

Place（プレース：どういうルートを通して販売するかの流通経路）

という、すべてPから始まる4つの英単語からなります。

要するに、新製品が売れるようにするために考えるべきは、展示会でのプロモーションだけではないということです。こ

の４Ｐを活用すると、その製品そのものをどうするか（プロダクト）も考える必要がありますし、値付け（プライス）も、そしてどのような流通経路で売り出すか（プレース）も考える必要があるのがパッとわかります。

　これがフレームワーク・アプローチの力で、たった１つ、マーケティングの4Pを知っているだけで、自身では思いもつかなかったモレを見つけ段どりをMECEにできるという効果があります。つまりは、他のビジネス・フレームワークも知っておくと、たとえ自分の専門分野外であっても、MECEに考える力が高まるのです。なお、筆者は世の中にあるビジネス・フレームワークの中でも特に重要な8つのものをピックアップして「8大ビジネス・フレームワーク」と呼んでいます。巻末に詳細をまとめましたので、まずはこの8つを押さえるところからビジネス・フレームワークを学ぶことを始めてください。

◉ 今日から使える超実践AIDMA（アイドマ）

　ここでは８大フレームワークに加えて、宮城さんの悩みにドンピシャで応えるもうひとつのビジネス・フレームワークを紹介します。それが、**AIDMA** です。これは、「アイドマ」と読み、次の英単語の頭文字をとったものです。

Attention（アテンション：注意を引きつける）
Interest（インタレスト：興味をかき立てる）
Desire（デザイアー：ほしいと思わせる）

Memory（メモリー：記憶してもらう、思い出してもらう）

Action（アクション：購入してもらう）

　先ほどの4Pは、販売側の視点に立って、「お客様が買ってくれる仕組み作りのため、売り手側が考えるべき4つの要素」を考えました。今度のAIDMAは、お客様の心の中を想像しながら、どのような順序で最終的な「買う」という判断に誘導するかを考えたものです。つまり、1つの「製品が売れる」という状況をめぐって、マーケティングの4Pは会社サイドから、AIDMAはお客様サイドから見ていることになります。

　では、これに基づいて先ほどの宮城さんが考えた段どりのモレやダブリを考えていきましょう。ぜひ、一緒に考えてください。

　まずは最初の「展示品を考える」というところです。ここで大事なのは、展示会を開催している広い会場に来たお客様の注意を引きつけて（アテンション）、興味をかき立てる（インタレスト）ということです。

　もしもこのパートが失敗してしまうと、次のステップに進んでもらうことはできませんから油断できません。その観点で見ると、宮城さんが考えた「展示品を考える」という項目は、なんだか素っ気なくて十分ではなさそうです。先ほどの安西課長からのアドバイス、レベル感がそろっていないとあわせて改善の余地あります。

　次の「デザイアー」は、宮城さんの段どりの中では「ブー

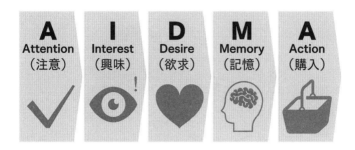

スを訪れた人に応対する」というところで考えられています。ふらっとブースに立ち寄ったお客様に、まるでセールストークのように機能などを説明することで「ほしいと思わせる」ことができるでしょう。ただ、興味を持った結果名刺をくださるのですから、その次にある「名刺をもらう」というのとダブるところがあり、ここもまた改善の余地がありそうです。

　続いて「メモリー」も考えてみましょう。前の段階までで、お客様に自社の製品を「ほしい」と思ってもらったとしましょう。しかし、そのままほったらかしでは、最後の購入には結びつきません。特に展示会のようなライバル企業がひしめいている中では、「ほしいのはこの製品だ」と記憶していただいて、会社に戻ってからも「そうそう、この製品だった」と思い出してもらう必要があります。
　これは宮城さんの考えた段どりの中では、「集めた名刺にフォローアップする」というところで考えられています。展示会が終わってから、「あのときの商談をさらに進めさせてください」というメールを送付するイメージです。これによ

って改めてお客様に記憶を呼び覚ましてもらうというのは、極めて妥当に聞こえます。

　最後の「アクション」は、宮城さんの段どりでは明らかにモレています。フォローアップして終わりでは、最終的に今回の目的である新製品の販売に結びつかないわけですから、これは致命的です。

　このように、フレームワークを**チェックリストとして使う**ことで、自分では気づけなかったモレを発見することができました。

◉ フレームワークは時代とともに変わる

　ここで紹介したAIDMAフレームワークですが、発案されたのは実は100年前、1920年代のアメリカといわれています。

当時のアメリカは自動車産業が本格的に発展した頃で、大量生産・大量消費の時代の幕開けです。そのような中、「いかにお客様に自社製品を買ってもらうか」という問題意識が高まり、AIDMAが生まれました。

　時代を超えて100年も生き残っていることからわかる通り、その有効性は実証済みなのですが、時代が変わるとフレームワークも変わります。たとえば、ネットショッピングが当たり前になった今の時代は、「記憶」はそれほど重要ではありません。実際、スマホで何かの商品を見て、「あ、これほしい」と「デザイアー」が起こったら、記憶するまでもなく「ポチッ」とボタンを押してアクション、つまり購入した経験がある人も多いでしょう。

　あるいは、逆にスマホ中心の今の時代だからこそ、重要性が増してきたものがあります。それは口コミです。これもまた、何かを買う際に口コミサイトをチェックして、実際の購入者が満足しているかいないのかをチェックするというのは多くの人が経験しているでしょう。

　したがって、実は最近はAIDMAの変形版とでもいうべき「**AISAS**」（アイサス）というビジネス・フレームワークが使われています。これは、「アテンション」、「インタレスト」まではAIDMAと同じですが、その後が、

Search（サーチ：検索する）
Action（アクション：購入する）
Share（シェア：SNSや口コミサイトなどでシェアする）

A	I	S	A	S
Attention	**Interest**	**Search**	**Action**	**Share**
注意	興味	検索	購入	共有

というものです。

　ビジネス・フレームワークは時代とともに変わることを踏まえ、最新の情報も感度を高くして取り込んでいくと、実務においてはより使いこなせるでしょう。

◉ 目的を考えると近づいてくるMECE

　ここまでのチェックを踏まえて、MECEを意識しながら宮城さんが考え直した段どりが下記になりました。

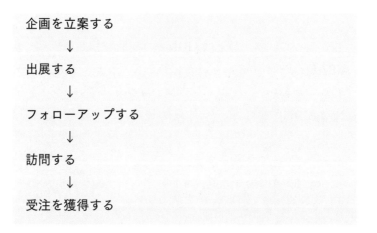

企画を立案する
↓
出展する
↓
フォローアップする
↓
訪問する
↓
受注を獲得する

↓

リピートオーダーをいただく

もちろんここから詳細化していく必要はありますが、横並びでレベル感がそろっていて、MECE感はあります。「そもそも」の目的である新製品の販売を考えて、最後の「リピートオーダーをいただく」というところまで考えたところも、素晴らしい点です。

そして、ここでMECEにするためのもうひとつのヒントを紹介します。それは、**目的を押さえること**です。仕事には必ず目的があるはずであり、「その目的に照らし合わせて考えると、十分か？」を考えると、MECEになりやすいのです。

極論すれば、ビジネスの唯一の目的は利益を上げることです。これをさらにMECEに分けて考えると、「売上げを上げる」か「費用を下げるか」のどちらかになります。すなわち、ビジネスでの活動は、必ずこのどちらかに属しています（ここでは、「社会貢献する」「地球温暖化ガスの排出をカットする」などのより高次な目的は除外しています）。

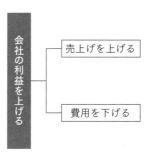

　宮城さんは、もともとの段どりを改善する際、「売上げを
上げる」ことを考え抜きました。その過程で、「売上げを上
げるには、単に受注を獲得するだけでいいのかな？　いや、
他にもあるはず……」と、「リピートオーダーをいただく」
という、これまでモレていた項目を見つけることができたの
です。また、「費用を削減すること」を考え抜くと、「これと
これってダブっているよね。無駄な費用が発生しそう」と考
えて、ダブりを避けることができます。

　このように、目的を押さえて考え抜くという習慣が身につ
くと、仕事の質が上がります。しかも、メリットはそれだけ
でなく、自分の担当している仕事が間違いなく会社の大きな
目標につながることがわかるので、自信を持って自分の仕事
の結果を人と話すことができます。実際、宮城さんも、新た
に考えた完成度が高い段どりを、安西課長に説明しました。
このストーリーの最初の頃、「上司に何を聞いたらいいかわ
からない」と悩んでいた彼とは別人のようです。

　そんな宮城さんを見て、

「ほほぅ……。これならばモレがないですね。素晴らしい」

と安西課長も褒めてくれました。

「ただ、別の切り口でも考えてみてください。そのほう が詳細化にも役立ちますしね」

ホッとしたのもつかの間、新たな指示がなされました。

2.4 一流の人だけが知っているちょっとした違い

◉ いろいろな側面から考えることができるビジネスパーソン

　ご自身の勤め先の周囲の人を思い浮かべてみてください。仕事ができる人もいれば、正直なところ、仕事ができない人もいると思います。その違いが何から生まれてくるか、想像できるでしょうか。

　もちろん、最初の頃の宮城さんのように、「上司に質問できない」人は、当然「仕事ができない人」の部類に入るでしょう。そこからいろいろ考えて、自分で段どりを考えられるようになったのは大きな進歩です。しかも、その段どりに基づいて上司と話し合い、段どりをMECEに仕上げて、どんどんと「できる人」に近づいてきました。

　ただ、そこでとどまってしまっては、十分ではありません。先ほどの安西課長のアドバイスのように、**「別の切り口で考えられるかどうか」**が、仕事のできる人、できない人を分ける大きなポイントなのです。一度考えたらホッとして、そこまでで止まってしまうか。それとも、もうちょっとでいいから別の切り口で考えるか。わずかな違いかもしれませんが、

そこにこだわることが一流のビジネスパーソンへの道です。

　実はこれは、プログラミングでも同じです。プログラマーにもやはり「できる人、できない人」がいて、その違いは「**さまざまな方法を考えられるかどうか**」です。何かのプログラミングをする際にもやり方はさまざまあり、その中から最も適切な、すなわち目的に合致したやり方を選べることが重要なのです。

　たとえば、第1章で考えた、Excelシートから大企業をピックアップするという例で考えてみましょう。一流のビジネスパーソンは、さまざまなやり方を考えて、別の数式を入力しました。

	A	B	C	D	E
1	会社名	従業員数	売上高 （億円）	資本金 （億円）	チェック
2	湘北産業	49	7	3.2	=AND（B2>300,C2>30,D2>3）
3	陵南商事	366	57	3.5	
4	海南物産	274	73	1.7	
5	山王工業	267	39	2.9	
6	愛和実業	485	142	4.9	
7	名朋商店	463	29	4.0	
8	大栄建設	302	34	2.1	

　意味合いとしては、B2のセルの数値が300より大きければ「正しい」、C2 のセルが30より大きければ「正しい」、D2のセルが3よりも大きければ「正しい」、そして、3つとも正しければ「全正解」という意味です。

　この結果、Excelシートが次のように表示されます。

	A	B	C	D	E
1	会社名	従業員数	売上高 (億円)	資本金 (億円)	チェック
2	湘北産業	49	7	3.2	FALSE
3	陵南商事	366	57	3.5	TRUE
4	海南物産	274	73	1.7	FALSE
5	山王工業	267	39	2.9	FALSE
6	愛和実業	485	142	4.9	TRUE
7	名朋商店	463	29	4.0	FALSE
8	大栄建設	302	34	2.1	FALSE

　結果、E列に「TRUE」、つまり「正しい」と入力されている陵南商事と愛和実業が大企業にあたることがパッとわかります。当たり前ですが、結論は第1章で考えたものと同じものです。その上で、一流のビジネスパーソンは、ここからさらに考えます。「**目的に合致すると、どちらのほうが便利だろうか?**」と。

　もし、この作業が自分だけで完結するものでありスピード重視ならば、この章で紹介したExcelのやり方のほうが適しているでしょう。式を1つ入れてあとはコピーをすれば、それで結論が出るのですから。

　逆に、他の人と共同して作業をするならば、最初に紹介したやり方のほうが適切です。なぜならば、論理構成が明確で、どのような思考の流れでその結論にたどり着いたかがわかりやすいからです。前ページに戻ってみていただくとわかりますが、第1のチェックポイント、従業員が300人より多いというのがE列で表現されているのが明確にわかります。同様

に、売上高が30億円より多いというのがF列で、資本金が3億円より多いのがG列でそれぞれ表現されています。これならば、もともとのExcelシートを作成していない人が見たとしても、「なるほど、3つのチェックポイントがあるってことだな」と、簡単に読み取ることができます。

　一方、この章で紹介したやり方だと、数式まで読み込んでみないと、なぜTRUEとFALSEが出てくるかわかりません。作成者とは別の人が見たら、「えっと……。ANDって使っているけど、どういう意味だろう……」と考えなければ結論が出ません。

　これを踏まえて、効率重視ならばこの章の方法で、他の人と共同するならば、第1章で紹介した計算式のほうで、とさまざまなやり方を考えるのが重要です。そして、その中から最も適切なやり方を選ぶことまで意識すると、仕事の成果がこれまでとは段違いに上がります。

● フレームワークで考える人の暗くて深い落とし穴

　ただ、「そうはいっても別の切り口なんて無理！」と感じてしまう方もいるでしょう。そんな人には実はお勧めの手法があります。それが、改めてのフレームワーク・アプローチです。

　先ほどは、AIDMAという、宮城さんの抱える悩みにピッタリ当てはまるフレームワークを使いました。そこで今度は汎用的、つまりさまざまな問題に使えるフレームワークを使って考えてみましょう。それが、**5W2H**です。

もともとは英語学習の5W1Hからきたフレームワークです
が、ビジネスの場合にはお金がからむだけに、How much（い
くら）が追加されて2Hになっています。

Why（何を目的として）
Who（誰を対象にして）
What（何を）
When（いつ）
Where（どこで）
How（どのように）
How much（いくら費やす、いくら儲かる）

　全部で 7 つの項目があり、ちょっと面倒と感じてしまうかもしれませんが、大丈夫。実は、5W2H の使い方にはコツがあるのです。それが、**まずは Why と Who を考えること**です。逆に、多くの人が陥りがちですが、What（何をやろう）から考え始めてしまうと、発想がなかなか広がらないし、そもそもの目的を度外視した、トンチンカンなことを考えてしまいます。

　そうではなく、まずは Why と Who です。すなわち、「**どんな目的で、誰を対象に**」を考える。言い換えると、「**誰を、どのような状態にすることがゴールか**」といってもいいでしょう。ここを発想のスタートとすると、自然と「何をやったらいいか」、すなわち What が簡単に思い浮かびます。あとは、When と Where は、決まっている場合も多いのでサラッと考えて、最後に How をじっくり、という流れです。How Much、つまりどのくらいのコストがかかって、売上げの見込みがどのくらいかは、What 以降をずっと頭の片隅において考え続けます。

　汎用的なフレームワークは、先ほどの AIDMA のように「その問題を考えるのにピッタリ」というものよりも難易度が高いものです。したがって、ここでの説明も、スッキリと頭に入ってこないかもしれません。ただ、ビジネス・フレームワークを使う際には、汎用的なものまで使えて一人前です。逆に陥ってほしくないのが、「とにかくフレームワークをたくさん知りたい」という、お勉強が好きな人が陥りがちな落とし穴。実は筆者は、そのような「フレームワークをたくさん

知りたい」という人には、「お勉強が好きだけど、頭でっかちで実務で使えない人」という印象すら抱いています。

　これは筆者の思い込みではなくて、少し頭を働かせて考えればわかるでしょう。インターネットが当たり前の時代、世の中にどのようなフレームワークがあるかは、検索すればいくらでも見つかります。それを仕事で使ったとしても、誰だって思いつくようなありふれた解決策しか頭に浮かびません。そうではなく、本当に仕事の成果につながるのは、汎用的なフレームワークを使いこなしてさまざまな角度から考えて、他の人が思いもよらない本質を見つけることです。それが先ほどいった、「一人前」という言葉で筆者が伝えたいことなのです。

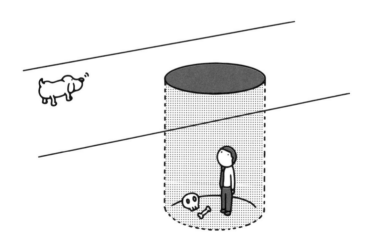

◉ 使い手の器量が試される汎用的なフレームワーク

　では、実際に具体例として、宮城さんが取り組んでいる展示会への出展を5W2Hで考えてみましょう。まずはWho（誰を対象にして）からです。もちろんこれは展示会に来た人が対象なのですが、幅を広げて考えると、「展示会に来た人の上司」という考えが思い浮かぶかもしれません。たとえば、展示会で情報を収集して、上司にどの製品にするかを提案、その上で上司が最終意思決定するというのは自然な流れでしょう。だとしたら、展示会に来た人が、ご自身の会社に戻ってから上司に提案をしやすいような工夫を凝らすことが考えられます。

　次のWhy（何を目的として）は、もともとの安西課長の指示にあった通り、新製品の販売です。あるいは、さらに広く考えると会社の売上げアップと捉えてもよいでしょう。そのためのWhat（何を）は、また次の章から詳しく考えていくので、いったんここでは保留します。

　続いてWhen（いつ）に進みましょう。これはもちろん、展示会の期間です。典型的には2日から3日間というイメージでしょう。ただし、これもフォローアップまで含めて幅広く考えてみると、またアイデアが浮かびそうです。フォローアップは展示会の直後がいいのか、あるいは1週間後がいいのか。あるいは、「頻度」という観点で考えて、電話やメー

ルによるフォローアップは1回だけでいいのか、それとも3回行う必要があるのか、などです。

　Where（どこで）は、展示会の中での場所とりと考えてもよいですね。展示会に行ったことがある人はご存じかと思いますが、同じ会場の中でも人通りの多いところと少ないところがあります。目抜き通りに近いところにブースを構えると、来場者と会話するのが簡単で、1日で150枚ぐらいの名刺を獲得することもできます。逆に、大手企業のド派手なブースの影に隠れた場所では、なかなか人が通らずに、名刺を獲得するだけで一苦労ということもあります。宮城さんの場合には、もう既に出展することが前提で話が進んでいるようですが、もしもブースの場所が悪いところにあれば、展示会に出展しないことを上司の安西課長に進言してもよいくらいです。

　次のHow（どのように）を考えてみましょう。これは、展示会の場でどのように名刺を獲得するか、というのもあれば、「本当に興味を持ったお客様」をどのように見分けるかという観点も考えられます。展示会というのは、必ずしも来場者すべてが本気で興味を持っているとは限りません。中には単なる情報収集の人もいて、そんな人と一生懸命会話をしていたら、肝心の本気で興味を持っている人を見逃しかねません。そんなことにならないようにするために、本当に興味を持つ人をうまく見分けるための質問などを考えておくとよいでしょう。

　最後のHow much（いくら）です。これも、既に出展することは決定済みなのであれば、出展費用は決まっているのでしょう。そうすると宮城さんが考えることは、どうやってその出展費用以上の利益を上げるかです。

　ここまで、汎用的なフレームワークの5W2Hの使い方を解説してきました。先に紹介した4PやAIDMAと比べると、状況に当てはめて考えるのに一工夫必要だと感じた人が多かったでしょう。ただ、先ほども書いた通り、「別の切り口」で考えることは一流のビジネスパーソンにつながる第一歩なので、普段からぜひ意識して使ってください。ヒントとして、練習問題を掲載しましたので、本気でスキルアップに取り組みたい方は、ぜひご自身の思考を書き出すことで、客観的に見直してみてください（パソコンやスマホ上に書くのでもけっこうです）。

　なお、5W2Hは誰かの話を聞くときにも使えます。たとえば筆者の教え子の一人、魚住さんは、これによってご自身の悩みを解決しました。

　魚住さんはある製造業の現場を預かる管理職で、50人を超える部下を持っています。ところが、自分が言った指示が部下に伝わらないという悩みを抱えていました。たとえば、「今週中に、製造ラインのAというパートのレイアウトを変更する」という指示を出したはずが、部下によっては「来週まででいいんでしょ？」「Aじゃなくて、変更するのはBですよね？」などと受け取り方が異なるのです。それでは困る

と、筆者の下でロジカルシンキングを学んでコミュニケーションを改善したはずが、状況が変わらず悩んでいました。

　ところが、後日改めて話を聞いてみると、どうも問題は魚住さん自身ではなく、部下の人にあるようなのです。そこで筆者は、誰かから聞いた情報を5W2Hで整理するという方法論をお伝えして、演習に何度も何度も取り組んでもらいました。先ほどのような製造ラインの修正という話もあれば、お客様からのクレームの電話、本社からの生産調整の指示など、さまざまな題材でとにかく数をこなすのです。その甲斐あって、後日魚住さんから、「ずいぶん話が伝わるようになりました」といううれしい報告を最近になっていただきました。

　そして、さらにスキルアップにつなげたい人にお勧めなのが大嶋祥誉監修『マッキンゼーで学んだフレームワークの教科書』（洋泉社）です。さまざまなフレームワークがコンパクトにまとまっていて、パッと見て理解できます。これならば、単なる「お勉強好き」に陥らず、ビジネス・フレームワークを概観するのに適しています。

◉ 練習問題：2つの汎用的なフレームワーク

　ここでは追加で2つの汎用的なフレームワークを紹介します。宮城さんの考えている展示会への出展のアイデアをどのように広げられるか考えてみてください。

ヒト・モノ・カネ

ビジネスの三大資源といわれます。すなわち、会社がビジネスを行うのに必要な要素です。「情報」を加えて、四大資源と呼ばれる場合もあります。

Will（やりたい）・Can（できる）・Must（やらなければ）

このフレームワークには名前がついていません。ただ、一般的には、何かを考える際、やりたいことは何か、できることは何か、やらなければならないことは何かの3点セットで考えるのは納得できるでしょう。下図のような3つの要素の交点こそが、今やることだという考え方になります。

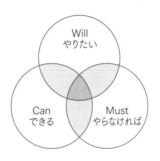

第2章のまとめ

- 上司に質問ができないビジネスパーソンには厳しい時代になった
- そのためにもプログラミング思考で段どりから考える
- MECEに考えると段どりのクオリティが上がる
- MECEのコツはサンマ感とフレームワーク思考
- 汎用的なフレームワークを使いこなせると、仕事のできる人に近づく

第 3 章

意外と知らない
ロジックツリーの使い方

3.1 「何がわからないか わからない」を解消す るのがロジックツリー

◉「伝わらない」には理由があった

5W2Hでさまざまなアイデアを考えた上で、上司の安西課長と話している宮城さん。どうやら一歩前進のようです。

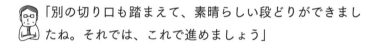 「別の切り口も踏まえて、素晴らしい段どりができましたね。それでは、これで進めましょう」

 「はい、ありがとうございます」

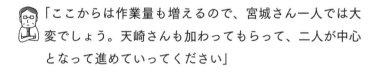 「ここからは作業量も増えるので、宮城さん一人では大変でしょう。天崎さんも加わってもらって、二人が中心となって進めていってください」

 「わかりました」

安西課長にお褒めの言葉をいただき、気持ちもアガッてき

た宮城さんは、早速その足で天崎君のもとを訪れました。天崎計彦（あまざきかずひこ）君は、年次でいうと宮城さんの1つ下の企画部員です。明るいキャラクターですが、ときどき本質を突く鋭い発言があり、若手のホープとして期待されている人材です。宮城さんとは普段からウマも合い、仕事がしやすい相手です。

「ということで、こんな風に出展を考えているんだ。ここまではわかった？」

　これまで計画してきたことを一通り話したあと、宮城さんは天崎君に聞いてみました。

「はぁ、何となく……」

「もしわからないところがあったら、何でも聞いて」

「いや〜、何がわからないか、自分でもわからないです。何かこう、全体像が見えないっていうか」

「うーん……。この、段どりの話はわかった？」

「はい、それは納得です」

「じゃあ、5W2Hで別の切り口で考えるっていうのは？」

「それ自体はいいんですけど、何か話が複雑ですよね？」

「そうか。じゃあ、こうすると？」

　宮城さんはノートを取り出すと、出展までの段どりを書き出し、それに5W2Hを加えた図を描き上げました。

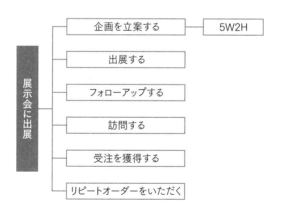

　途端に天崎君の顔がパッと輝きました。

「ああ、そういうことだったんですね。5W2Hは、より
よい企画を立てるためのサブ項目だったんだ！」

● 大前研一さんも使うちょっと意外な発想法

　第2章のように、プログラミング思考で考えた内容を
MECEを意識しながら詳細化したり、別の切り口から考え
たりするのは、すべてのビジネスパーソンに取り組んでいた
だきたいことです。ただ、いろいろと考えれば考えるほど、
他人への説明が難しくなってしまうものです。

　このような悩みを解決するために使うのが、「**ロジックツ
リー**」です。その名の通り、物事を筋道立てて（ロジカル
に）、樹形図（ツリー）で表したものです。たとえば、ノー
トやホワイトボードに描くときには、そのときに考えるテー

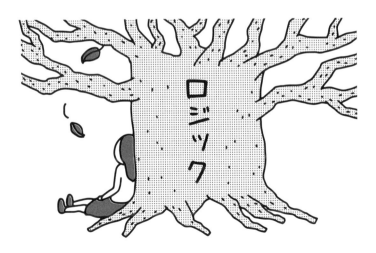

マ（課題）を一番左側に置き、それを分解したものをその右側に、その細分化をさらに右に……と描いていくと、縦横は違いますが、根っこがあって、幹があって、枝葉に分かれてまるで樹木のように見えることからこのように名付けられています。

　ちなみにプログラミングの世界でも、作成するプログラムが大きくなると、それを部分部分に分けてプログラミングを進めていきます。「**モジュール化**」といいますが、ある一定の役割を持ったプログラムを「モジュール」という単位で分けるのです。たとえば、このモジュールはユーザーの動作を読み取るインプットのためのもの、これは中で計算をするためのもの、これは計算結果をユーザーに見せるアウトプットのためのもの、などです。

　発想自体はロジックツリーと同じで、複雑なものを考えるとき、全体像をわかりやすく俯瞰しながら確認するためのものです。ちなみに、「俯瞰」とは、上から見下ろすことを指します。似たような言葉として「鳥瞰」という言葉があります。英語でいうとその名の通り「バード・ビュー」といいますが、これも同じ。まるで空を飛んでいる鳥の視点から地上を見下ろすように、パッと全体を捉えることを指します。

　それこそ、先ほど宮城さんが天崎君のために描いたロジックツリーです。話を聞いただけでは、全体像がよくわからなかった天崎君も、これを見せられれば「今どこの話をしているのか」が一目瞭然です。

　ひょっとしたら、先ほどの天崎君との会話の際には、話している宮城さん自身も、頭の中が整理できていなかったのかもしれません。そのせいでうまく説明できず、相手にわかってもらえなかったのでしょう。けれども、ロジックツリーによって自分の思考を外部に出すと、自分自身でも客観的にチェックすることができ、頭を整理することにもつながります。

　実務では、パソコンでロジックツリーを描くことも多いでしょう。その際は、形にこだわらずWordなどを使って、次のようにインデント（ページの左端からの距離）によって階層構造を表現するのがお勧めです。

　なぜならば、ロジックツリーは何回も書き直すものだからです。なまじPowerPointを使って、テキストボックスの中に文字を書き、それをコネクタでつないで……とやっていくと、描き直すのがとても面倒になり、実務に耐えるクオリティまでロジックツリーを高めることができません。

```
展示会に出展
├企画を立案する
│└5W2H
├出展する
├フォローアップする
├訪問する
├受注を獲得する
└リピートオーダーをいただく
```

　あるいは、今の時代ならスマホでロジックツリーを作成するのもお勧めです。なぜならば、ロジックツリーは考え続け

るものだからです。これもときどき誤解がありますが、ロジックツリーは1回作ったら終わりではありません。それこそ、宮城さんのように、自分で考えながら、あるいは誰かにアドバイスをもらいながら考え続けて改善し続けるものです。

そして、考え続けると、いいアイデアがふっと思いつくときがあります。そんなとき、メモをとってあとでパソコンに打ち込むよりは、その場でロジックツリーに書き込むほうがはるかに便利です。ちなみに筆者が愛用しているのは、Evernoteというアプリで、パソコンとスマホで同じ内容を共有することができます。そうすると、外出先でも、「え～っと、あのロジックツリーはどうなっていたんだっけ？」と確認できますし、いいアイデアを思いついたときはパッとその場で書き込めるので、便利です。

ちなみにコンサルタントの大前研一さんは、「紙派」だそうです。ロジックツリーに限らず何かを考えるときには、縦横の罫線が引かれた特性の大判用紙に描いていくのがいいと、『PRESIDENT』（2010年7月19日号）のインタビューで力説されています。なので、オフィスワークが多い方は、「紙」でやってみると、大前さんのような知的作業ができるようになるかもしれません。

◉ 憧れの人の真似をする

大前研一さんほど高名な方でなくてもいいのですが、**仕事面で「憧れの人」の真似をする**というのが、筆者がお勧めの実力アップの方法です。職場のできる先輩、お世話になった

上司、その中から誰か一人を選んで、「もし○○さんだった
ら、どう考えるだろう？」と発想することです。

　実際、筆者の教え子の一人、金平さんはこの方法論によっ
て大きな成長を遂げました。金平さんはIT業界に勤めるエン
ジニアです。以前は現場でプログラミングをするのが主な
役割だったのですが、昇進して管理職になった途端に仕事の
幅が広がって苦労していました。特に、部下や他部署とのコ
ミュニケーションが苦手で、「だから昇進したくなかったん
だよ」とぼやいていたのです。

　そんな金平さんにお伝えしたのは、ロジックツリーをはじ
めとしたさまざまなテクニックとともに、職場に「真似した
い人」を見つけることです。早速、「そういえば、以前の上
司の北野さんは、プロジェクト管理もうまかったし、他部署
との調整も上手でした」とイメージしてもらいました。

　その上で、仕事で悩みに直面したとき、「○○という自分
がいる」というコツをお伝えしました。たとえば、「他部署
との調整で悩んでいる自分がいる」「部下に厳しいことを言
えない自分がいる」「お客様のムチャぶりを押し返せない自
分がいる」などです。そこから「もし北野さんだったらどう
するか」と発想してみるのです。

　このことをロジカルシンキングでは「**メタ思考**」といいま
すが、これによって自分ではなく一歩高い視点から問題を捉
え直すことができ、よりよい解決策が思いつきます。最初は、
「そんなので、うまくいくんですかねぇ」と半信半疑でしたが、
無理矢理勧めてしばらく経つと、「いや〜、あの方法、効き
ますね」と笑顔で自信を取り戻した様子でした。

3.2 初心者が意外と知らない「裏」ロジックツリー

◉ 自分だけでは気づけなかった曖昧な表現

　ここまで、全体像を整理して相手にわかりやすく説明するためのツールとしてのロジックツリーを紹介してきました。ただ、ロジックツリーは実は全体像の整理以外にも、さまざまな使い方があるのです。ここからは、宮城さんと天崎君の会話に戻り、他の使い方も紹介しながら、ロジックツリーを完成させていきましょう。

「ついでに、この『フォローアップする』のところも聞いていいですか？　リョーさんはさっき、『優先順位をつけて、見込みがありそうなところを重点的に』と言っていたじゃないですか？」

「うん。こういう感じかな」

フォローアップする ┬ 見込みがありそう
　　　　　　　　　　└ 見込みがなさそう

「でも、その見込みあり・なしって、どうやって見分けるんですか?」

「どうって……?」

「リョーさんは営業の経験があるから感覚でわかると思うんですよ。でも、オレみたいな企画部門の人間はわからないと思います」

「そうか。じゃあ、集めた名刺を全部オレに回してもらって、それで判断するよ」

「でも、それだと効率が悪くないですか? 今回のブースには、他のメンバーも入ってもらうわけだし。誰もができる共通の判断軸のようなものがあるとうまくいくと思うんですけど……」

これがロジックツリーのさまざまな使い方その1、「**曖昧さの排除**」です。一見すると、「見込みあり」、「見込みなし」でMECEに分けているように見えますが、実際のところはその線引きが曖昧です。ただ、この手の曖昧さは、自分の頭の中だけで考えているときには気づかないものです。それが、ロジックツリーを描いて客観的に見えるようにすることで明確にすることができました。

これも、プログラミングにたとえるとわかりやすいでしょう。たとえばコンピュータに指示する際、「これthese こういう基準だったら見込みあり、これを満たしてなければ見込みなし」と説明してあげなければ、そこでプログラムがストップしてしまいます。指示する相手が人間のときも同じです。もちろん、宮城さんのように営業経験がある人は別です。経験に基づいた直感で、「見込みあり、なし」を判断することができます。でも、それはあくまでも自分独自の感覚であり、それに頼ってばかりだと仕事が属人化してしまいます。たとえ相手が営業経験がない人であっても明確に判断できるようにしてあげることが、チームで仕事をうまくやるコツです。

「リョーさんは、営業時代、どうやって見込みのあり・なしを判断していたんですか？」

「え？　え〜っと、BANT（バント）という考え方があってだな。営業中のお客様の見込みを判定するときに使っていたよ」

　BANTというのは、営業に特化したフレームワークで下記からなります。

　Budget（バジェット：お客様は予算を持っているか）
　Authority（オーソリティ：お客様は決定権限があるか）
　Need（ニーズ：お客様はニーズがあるか）
　Timing（タイミング：お客様は今購入したいと思ってい

るか）

「それですよ！」と言いながら、天崎君がノート上のロジックツリーに書き加えます。

```
フォローアップする┬Bがあるか
         ├Aがあるか
         ├Nはあるか
         └Tは適切か
```

「B（予算）は、大企業かどうかで判断すればいいじゃないですか？　あと、A（決定権限）は管理職かどうかで判断かな。N（ニーズ）は……」

「そこは、ブースで応対したスタッフが聞き取るんだろうな。予算と決定権限はダイレクトに聞きにくいけど、ニーズとタイミングはあっさりと教えてくれるケースもあるし」

「そうですね。そこら辺のトークを、ブースに配置するスタッフに共有しておけばいいですもんね。この４つがそろったお客様を重点的にフォローアップする対象にすればいいですね」

● ちょっと意外なロジックツリー発想法

やることがどんどん明確になって気分も乗ってきたのでしょう。天崎君がにこやかに問いかけてきます。

「『訪問する』の下はどうしますか？　ここも何かありそうですけど？」

「う〜ん、そうだなぁ。営業時代に気にしていたことといえば、『無駄うち』しないことかな。お客様の訪問というのは、すごく手間暇がかかるんだ。移動時間だってバカにならないし。だから、営業の仕事で成果を出すためには、訪問前にニーズがないお客様を早めに見つけて、そこを営業先から消していくんだ」

「なるほど、ニーズのない顧客を見つける、と」

訪問する┬ニーズのない顧客を見つける
　　　　└

「そうすると、この反対側に来るのって何でしょうね？」

「うーん、ニーズをかき立てるって感じかなぁ……」

「じゃあ、こうしたらどうでしょう？」

訪問する┬ニーズのない顧客を見つけて成約率を上げる
　　　　└ニーズを明らかにして成約率を上げる

「お、いいね。どっちも成約率アップにつなげるわけだからな」

　これがロジックツリーのさまざまな使い方その2、「**アイデアの創出**」です。ビジネスを進めていく中で、新たなアイ

デアが必要になることはよくあります。その際、ロジックツリーを使うことで、これまで考えていなかったことを思いつくことができます。

　いわゆる発想法に近いもので、ちょっと意外に思う読者の方もいるかもしれません。「発想法」と聞くと、みんなで楽しくブレインストーミングや、ひらめきを生むために座禅を組むようなイメージがあるでしょう。もちろんそれはそれで正しいのですが、実はロジカルに物事を考えて、「これが抜けていた」ということも新たな発想につながります。

　この点に大きなメリットを感じるビジネスパーソンが、ある企業で研修講師を務めたときにお会いした木暮さん。その業界は、これまではガチガチの規制産業。ところが、最近のテクノロジーの進歩で、新たな発想によるサービス提供が求められています。ところが、規制の下で「ルールに従ってビジネスを進める」ことに慣れた人には、新たな発想が難しいとのことなのです。木暮さんも、世の中の発想法をいろいろ学んだそうですがどれもピンとこなかったそうです。ところが、このロジックツリーを使った発想法はドンピシャで受け入れられました。「これなら使えそうです」と受講直後に笑顔でおっしゃっていたのが印象的でしたし、先日お会いしたときには管理職に昇進していて、「自分でもそうですが、部下に発想を広げてもらうためにも使えますよ」と自信を持って指導にあたっているようでした。

　発想を広げるための頭の使い方としては、何か1つのアイ

デアを思いついたら、**「その反対」を考えること**もひとつの方法です。「対概念法」と名付けていますが、これによってアイデアを倍に増やすことも可能です。一見難しそうに聞こえるかもしれませんが、実は日常生活の中に対概念はたくさんあります。

たとえば、「メリット」と「デメリット」、「需要」と「供給」など、言われてみれば当たり前。ただ、面白いもので、この「言われてみれば当たり前」のものが、自分で思いつけない場合もあります。たとえば、「リスクの反対は?」と聞くと、言葉に詰まる人は多いもの。これも、「リターン」という答えを聞けば、確かにそうだ、と思うでしょう。

したがって、普段から意識的に頭の中に枠組みの引き出し(ストック)を作ることが対概念法を使いこなす秘訣です。そして、慣れてきたら対概念法+MECEで、さらに発想を広げてみましょう。たとえば対概念法で、「過去」の反対は「未来」です。ただ、MECEという観点で見ると、「現在」が抜けていることに気づきます。対概念法といっても、常に2つのものがペアになるわけではありません。3つ、4つでワンセットになる場合もあるので、「これで本当にMECEか?」と考えることにより、アイデアが3倍、4倍にも広がります。

● 練習問題:対概念法

では、改めてビジネスを題材にして練習問題に取り組みましょう。先ほどの宮城さんと天崎君が考えたロジックツリー

の中の「リピートオーダーをいただく」の下を、対概念法で
考えてみましょう。穴埋め形式になっていますので、対概念
法で考えて、既に書かれているものの反対を考えて、次のパ
ートに進む前に記入してみてください。

リピートオーダーをいただく
├同じ製品でリピートオーダーをいただく
└○○○○○でリピートオーダーをいただく
　├補完的な製品でリピートオーダーをいただく
　└○○○な製品でリピートオーダーをいただく

3.3 ロジカルシンキングは「楽して成果を上げる技術」

◉ イノベーションのためのロジックツリー

では、ここまでで出来上がったロジックツリーを見てみましょう。

```
企画を立案する—5W2H
出展する
フォローアップする┬Bがあるか
                ├Aがあるか
                ├Nはあるか
                └Tは適切か
訪問する┬ニーズのない顧客を見つけることで成約率を上げる
       └ニーズを明らかにして成約率を上げる
リピートオーダーをいただく
   ├同じ製品でリピートオーダーをいただく
   └異なる製品でリピートオーダーをいただく
      ├補完的な製品でリピートオーダーをいただく
      └代替的な製品でリピートオーダーをいただく
```

いい感じに詳細化されたノートを、宮城さんも天崎君も感慨深げに見ています。が、天崎君が新たなことに気づいたようです。

「あの、リョーさん。フォローアップの下って、何か違和感ないですか？」

「そうだよなぁ。フォローアップの下がいきなりBANTってのが、何か唐突すぎるとオレも思ってたよ」

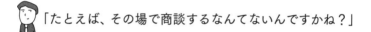

「たとえば、その場で商談するなんてないんですかね？」

「え？」

「本当に興味があるお客さんだったら、その場で話を聞いて、見積りをくれ、なんてこともあるんじゃないんですかね？」

「なくはないよなぁ」

「ですよね。そうすると、こう変わるんじゃないんですか？」

```
フォローアップする
 ├その場で商談
 └後日商談
   ├Bがあるか
   ├Aがあるか
   ├Nはあるか
   └Tは適切か
```

「おぉ、広がったぞ」

これがロジックツリーのさまざまな使い方その3、「**イノベーションの発見**」です。ロジックツリーを作成しながら違和感があるところを深掘りして考えると、これまで思ってもみなかったアイデアを発見できることがあります。

「イノベーション」と聞くと、「天才がひらめきによって生み出すもの」と考えてしまう人がいますが、それは誤解です。むしろ、ロジックツリーで徹底的にアイデアを考え抜いたあと、「これが抜けていた！」と気づいたとき、凡人でもこれまでにないアイデアを生み出すことができるのです。

たとえば、先ほどの会話でいえば、「その場で商談」というアイデア。これを事前に思いつくのと思いつかないのでは、展示会の当日の行動が大きく違ってきます。ブースの中に簡単な「商談スペース」を設けて、その場で受注がもらえれば、それだけで出展費用の分ぐらい回収できそうです。逆にいう

と、商談する気満々なお客様を目の前にしながら、「では、フォローアップはまた後日」としてしまったらもったいないことこの上ありません。

◉ 楽して成果を上げるのがロジカルシンキング

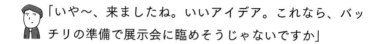「いや〜、来ましたね。いいアイデア。これなら、バッチリの準備で展示会に臨めそうじゃないですか」

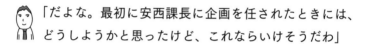「だよな。最初に安西課長に企画を任されたときには、どうしようかと思ったけど、これならいけそうだわ」

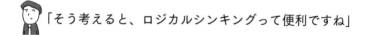「そう考えると、ロジカルシンキングって便利ですね」

「え?」

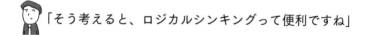「いえね、企画の仕事って、アイデア勝負みたいに思っていたんですよ」

「ああ」

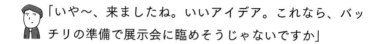「ただ、いきなりいいアイデアを出すのって難しいじゃないですか。そこで悩んでいて」

「ふぅん（こんな**優秀なヤツ**でも悩むことってあるんだな）」

「それがロジックツリーで考えたら、パッと思いつくもんだなぁって、**感動しました**」

　天崎君が言っているように、ロジックツリーをはじめとしてロジカルシンキングを身につけると、アイデアが出やすくなり、仕事面でのプラスの効果が大きいものです。極論すれば、ロジカルシンキングは「**ビジネスで楽して成果を上げる技術**」ともいえます。だからこそロジカルシンキングは一時のブームを超えて根付いているのです。

　筆者は、これを説明するたとえ話として自転車を持ち出すことがあります。子どもの頃を思い出してもらうと、自転車に乗れるようになるまでには苦労があったでしょう。バランスを崩したり、転んで膝をすりむいたり。でも、一度乗れるようになれば、行動範囲が広がったり、重い荷物を運べたりと、歩くよりも圧倒的に便利な生活ができるようになります。
　ロジカルシンキングも同じで、身につけるまでには苦労がありますし、最初の頃はやたら時間がかかって、「これでいいのか？」と悩むこともあります。でも、いったん身につけてしまえば、楽に成果が上がったり、これまで思いもかけないアイデアが出たりと、圧倒的にビジネスに役立つのです。

● 練習問題：ボトムアップのロジックツリー

　ここまで、ロジックツリーについて解説してきました。作り方についてもイメージを持っていただけたかと思います。ただ、ここまでの作り方は、実は「トップダウン・アプローチ」だけでした。これは、「展示会に出展する」という大テーマを決めたら、それを実現するためにはどのような段どりが必要か、どのように詳細化できるかを考えるというアプローチです。

　一方、ロジックツリーの作成には「**ボトムアップ・アプローチ**」もあります。手元にある情報をグルーピングしてカテゴリー化、それをさらにグルーピング……と下から積み上げるような感覚なので、この名前をつけています。実務においては、トップダウン・アプローチとボトムアップ・アプロー

チの両方を使いながら作成したほうが、よりクオリティが高いロジックツリーを作成することができます。

　いきなり「ボトムアップアプローチ」といわれても困っちゃう、という人は、本書のダウンロード特典「ロジックツリー作成の五大アプローチ」をぜひチェックしてください。
　ここでは練習問題として、手元にある名刺をグルーピングしながらロジックツリーを作ったらどうなるかを想像してみてください。それこそ、宮城さんと天崎君のように展示会に出展したとして、数百枚の名刺が手に入ったとしましょう。もちろん、トップダウンではBANTで優先順位をつけることになりました。ところが、ボトムアップで分類すると、トップダウンでは気づかなかったグルーピングがあることが見えてくるはずです。
　頭の中の想像だけでもよいですし、時間がある人は実際にご自身がお持ちの名刺をグルーピングすると、より身につきやすくなります。

第3章のまとめ

- ロジックツリーは MECE な枠組みの階層構造
- ロジックツリーで全体像を整理すると相手に伝わる
- ロジックツリーで曖昧さを排除できる
- ロジックツリーでアイデアを創出
- ロジックツリーでイノベーションを発見できる
- ロジカルシンキングは楽して成果を上げる技術

第 **4** 章

わかりやすい
コミュニケーションの技術

4.1 論点がズレる会議の シンプルな対処法

◉ 無駄にプライドが高い「残念な人」

　天崎君の助けも借りながら、ロジックツリーを完成させた宮城さん。途中経過の報告を安西課長にしているところです。

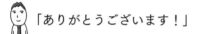「ほほぅ、よく考えられていますね。これならば安心して任せられます」

「ありがとうございます！」

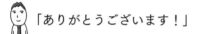「では、展示会の期間、実際にブースに立ってもらうメンバーも含めて、打合せを行ってください」

「ハイッ」

　勢いよく答えた宮城さんですが、実は少々不安な点があります。後輩とはいえ、優秀な人材と見込んで天崎君に相談し

てみました。

「なぁ、天崎」

「何ですか、リョーさん？」

「オレさ、コミュニケーションで改善すべきところってどこだろう？」

「？」

「ほら、今度、展示会のブースに立ってもらうメンバーにも説明しなきゃならないだろ。そういうときに、うまく伝えられるか自信がないんだ。どうしたらいいかって……」

「何言ってるんですか。さすが営業を経験しているだけあって、リョーさんの話はいつも面白いって話題になっているくらいですよ」

「そ、そうなのか？」

「ただ、話の面白い人にありがちなんですけれど、話題

があっちこっち飛ぶので、ついて行くのが大変です。それで、全体像を知りたいってなって、ロジックツリーにつながったんですけどね」

　このように、後輩にも自身の改善点を聞ける宮城さんは素晴らしいですね。逆に、プライドが高くて、「年下なんかに相談できるわけないだろ」と悪い意味でプライドが高い人は、自身が成長できなくなってしまいます。著名なコンサルタントの山崎将志さんは、『残念な人の思考法』（日本経済新聞出版社）の中で、「残念な人」というキーワードで頑張っているのに仕事の成果が上がらないビジネスパーソンを紹介していますが、まさにそのような感じになってしまいます。

　さて、本題に戻って、コミュニケーションで最初に気をつけるべきことを解説します。それは、**論点を絞ること**です。「話があっちに行ったりこっちに行ったり」は、友達同士の「おしゃべり」ならばいいのですが、ビジネスの現場では厳禁。なぜなら、聞き手が混乱してしまい、言いたいことが伝わらないからです。
　そうならないためにも論点、つまり「**今、ここで話すべきこと**」をしっかりと押さえましょう、というのは簡単ですが、実はこの論点を押さえるというのは意外なほど難しいものです。たとえば会社の会議などで、最初は「売上げをどう上げるか」から始まったはずが、「当社の営業の人材は」になって、「そもそも採用方針が」になるというような、論点のズレは誰しも経験があることでしょう。

● ビジュアルを使う二重符号化理論

実は論点を押さえるのにはコツがあって、それは**頭の中に**
ビジュアルなイメージを持つことです。たとえば、「敷地」。
イメージとしては、小学校の校庭ぐらいの広さのフィールド
です。この敷地の中を論点として、そこから出ないように意
識することで論点のズレを防ぐことができます。

心理学の用語では二重符号化理論といいますが、何かを記
憶する際には、文字で読むだけ、図を見るだけよりも、複数
の情報チャンネル（符号化）を使ったほうが効率がよいそう
です。考えてみれば、「論点」というのはすごく抽象的なも
のですから、頭で理解しているつもりでも、本当のところは
ピンときていないというのがよくあるケースです。その結果
としてコミュニケーションにおいてズレが生じるのでしょう。
であれば、ビジュアルなイメージによって理解と定着（頭の
中に焼き付ける）を強化するのは理にかなっています。

そして、敷地イメージの便利なのは、**コミュニケーション**
に関わる人すべての共通言語になることです。たとえば会議
で、誰かが論点からズレた発言をしたとしましょう。それに
対して、「あなたの発言は論点からハズレています！」と指
摘するのは、心理的に抵抗感があります。相手の人だってカ
チンときて、「何だと〜」と反論してきそうです。

代わりに、「敷地」という言葉を使ってみましょう。「今の
発言は、ちょっと会議の『敷地』から出ちゃっている気がし

ます」なんて言い方だと、やんわりと議論を元の論点に戻すことができます。あるいは、やたらと細かい点ばかり話している会議で、「なんだか敷地が狭い気がしますね。もっと広い観点から話し合いませんか？」といった具合に使うことが可能です。

　先ほどの会話の中で宮城さんが指摘されたポイント、「話があっちに行ったりこっちに行ったり」を、筆者は「飛び地トーク」と呼んでいます。それこそ、あっちの敷地からこっちの敷地へと移動するようなものです。

　ただ、多くの場合、飛び地トークをする人には悪気はないものです。自分の頭の中だけで考えると、キーワードで連想ゲームのようにつながっているため、聞き手を混乱させていることに気づいていないのです。

　でも、ロジックツリーで整理して客観的に見てみると飛び地であることに気づきます。したがって、自分で飛び地トークをしないのは当然のことながら、会議の参加者などが論点をズラしたら、それが飛び地トークであることを言ってあげるのが、チーム全体として効率を上げるコツです。

4.2 当たり前だが意外とできない「結論が先」

◉ わかりやすい話し方のための宣言話法

　論点を押さえるためのもうひとつのコツが、「宣言話法」を使い、**論点を先に「宣言」してしまう**ことです。まずはわかりやすい例から紹介します。たとえば自己紹介でも、

　私は山田太郎と申します。

ではなく、

　私の名前は山田太郎です。

のように、これから話す論点は何かを宣言する話し方です。会議の場でも、

- これから当社の売上げアップのアイデアを発表します。
- 今、○○さんが出してくれたアイデアに補足意見を述べます。
- 今の話に関連した他社事例を紹介します。

のように、これからどんな論点について発言するかを先に言うことを一人一人が心がければ、論点のズレを押さえることができます。

ちなみに、プログラミングでも実はこの「宣言」が必要になっています。そのプログラムの中で使うさまざまな用語を、**「これはこういう意味ですよ」**と最初に宣言するのです。そうすると、それこそ共通言語のように、その後のプログラムの中で使うことができてコミュニケーションに役立ちます。実際に、第5章でこのプログラミング中の宣言を見てみると、よりわかりやすいはずです。

◉ 結論を先にという愛

宣言話法とあわせて実践したいコミュニケーション上手な人になるためのポイントが、**「結論から先に話す」**というものです。

これから当社の売上げアップのアイデアを発表します。

という宣言に続いて、

結論としては、○○と△△が一番有望そうな案なので、実施を前提に企画に入りたいと思います。

と、相手にわかってほしいことをズバリと言うスタイルで

す。この結論から話すということは、職場で上司に指導され
ている人も多いのではないでしょうか。ところが、驚くほど
多くの人ができていないというのが実情です。おかげで上司
の抱えるストレスは減りません。

「え？　ストレス？」

そう、結論を先に言わない部下というのは、上司にとって
大きなストレスのもとです。なぜならば、読者の方が想像す
る以上に、上司の頭の中には余裕がないからです。上司の上
司から言われたあの件をまとめなければ、そのためには部下
への指示も出さなければならないし、そのためには現状を分
析するデータが必要で、あ、奥さんから帰りに子どもの参考
書を買ってきてくれと言われていた……。
そんな状態なのに、部下が話しかけてきたとしましょう。

「課長、ちょっとよろしいですか。先日の件なのですが、課員全員で集まっていろいろとアイデアを出したんです。ちょっと時間がかかってしまったのですが、みんなけっこういいアイデアを出してくれて……」

聞いた課長は、心の中で叫びます。

「『先日の件』って、何だ？　おまえにとっては先日でも、オレにはわからないよな？　おまえが考えをまとめずに話すと、その分だけオレが考えなきゃいけないって理解しているか？　頼むから、わかりやすく結論から言ってくれ」

もちろん、パワハラが問題になっている今の時代、こんなことは口には出しません。表面上はあくまでもにこやかに、

「うん。それで結論は？（笑）」

と返しますが、心の中では先ほどのような叫びを上げているのです。

部下にとっては、ロジカルでない話し方をする「痛み」はゼロですが、上司にとってはとてつもなく大きなストレスです。だとしたら、相手のストレスを軽くするためにも、結論から先に話してあげるのは重要だとおわかりいただけるでしょう。

◉ 目的を意識することで結論が先にくる

では、どうやったら結論を先に話せるようになるのでしょうか。そのコツが、**目的を意識すること**です。第２章でも、MECEにする際には目的を意識することが大事だと説明しました。それと似たようなことが結論を先に話すことにもつながります。

実はここが、友人同士のおしゃべりと、ビジネスのコミュニケーションの大きな違いです。友人同士のおしゃべりの場合、目的は会話そのもの。話した結果、「あ〜、楽しかった」となれば成功です。しかし、ビジネスの場合、コミュニケーションは「手段」であって、それを通して実現したい目的があるはずです。たとえば、上司への報告だったら、自分の仕事の現状を理解してもらう。その上で、適切な指示を出してもらう。あるいは、プロジェクトメンバーへのコミュニケーションであれば、プロジェクトの目的を理解してもらい、その上でアイデアを出してもらうなどです。

コミュニケーションは、この目的を達成するための手段ですから、そのための最適な手法を選ぶべきです。そして、多くの場合、最適な手法は結論を先に話すことです。先ほども説明したように、聞き手に余裕がないならば、なおさらです。それなのに、「おしゃべり」の延長線上のままで、自分の考えをまとめずに人に話しかける行為は、怠惰で卑劣だと思えてなりません。

ここまでくると、筆者が言う、ロジカルシンキングとプログラミング思考によって多くの人と共同作業ができるようになる、というポイントが理解していただけるでしょう。わかりやすく伝えてあげることは、忙しい相手の「考える」という負担を減らしてあげることにつながります。相手も喜んでくれますし、結果としてチーム全体の仕事の効率が上がります。逆に、わかりにくい説明をそのままにしていると、先ほどの上司の心の叫びからわかる通り、相手との関係性が悪くなります。目には見えないけれど、そのように「考えることを相手に丸投げする姿勢」は、チームに悪影響を及ぼすのです。

　なお、念のための補足ですが、筆者は職場でのおしゃべりを禁止しているわけではありません。それどころか、職場でいい雰囲気を作ったり、お互いをよく知ったりするためには、おしゃべりが最適です。ここでいいたいのは、あくまでも目的を押さえた上で、その目的に最も適したコミュニケーション手法をとるべきだ、ということです。

4.3 すれ違いの会話に潜む隠れた前提

◉ 後輩が生意気なのにはわけがある

天崎君と話してコミュニケーションに自信をつけた宮城さん。早速展示会でブースに立ってもらうメンバー5人を集めてミーティングをすることにしました。

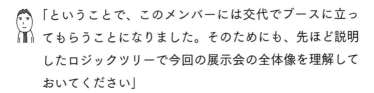

「ということで、このメンバーには交代でブースに立ってもらうことになりました。そのためにも、先ほど説明したロジックツリーで今回の展示会の全体像を理解しておいてください」

「その全体像ですが、ちょっとよろしいでしょうか?」

質問をしたのは入社3年目の若手、菅田彩子さんです。

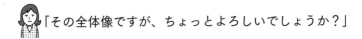

「その、BANTですか? そこちょっとわからないんですけど……?」

「あ、だからBANTっていうのは、BudgetとAuthority とかの頭文字をとったもので……」

「いえ、それはわかるんですけど、何でそういう唐突な 話になるんですか？」

「いや、唐突じゃないよね？　フォローアップの優先順 位をつけるって話で」

　せっかく丁寧に説明しているのに、なぜ理解されないんだ ろうと若干イラつきながら宮城さんも言葉を返します。

「いえ、でも、予算とかって関係ないと思います。商材 さえよければ……」

「お客様は、予算がなければ買ってくれないよ。そんな の営業では常識だよ」

　と、だんだんとヒートアップしてくる会話をなだめるよう に、天崎君が言葉を挟みます。

「リョーさん、ちょっと待って。菅田さんは何でそう思 うの？」

「だって、来場者の人はいい商材を仕入れるために展示 会に来るんですよね。そのほうが自社が販売しやすいし」

「？」

「展示会ってそういうものじゃないですか？」

「そういうことか！」

　会話の中には現れていなかったのですが、「そもそもの前提条件」が宮城さんと菅田さんでは異なっていたために、話が噛み合っていなかったことに気づいたでしょうか。

　会話の前半を読んだ読者の方の中には、「なんだか生意気な後輩だな〜、こういうヤツ、いるいる」と思った方もいるかもしれません。しかし、コミュニケーションが噛み合わない多くの場合、相手の人にもそれなりの理由があるものです。

　今回の会話例では、菅田さんの頭の中では、展示会というのは、そこで展示されているものを商品として仕入れて、それを誰かに販売したいと思っている人、いわば代理店の人たちがよい商材を求めてくるものだと思っていました。ところが、宮城さんの頭の中では、展示会というのは、そこで紹介されているものを自社に導入したい、つまりエンドユーザーが来るものだと思っています。この違いによって話が噛み合わなかっただけなのです。

「え〜、そうなんですか！　だって、私コスメの展示会

とか好きでよく行くんですけど、周りは代理店の人ばっかりですよ！」

「コスメ……化粧品か」

「そうなんです。通販会員を抱えている業者さんとか、訪問販売のネットワークを築いている会社さんとかが、最新の商品を仕入れるために来ているんです」

「確かに、化粧品の展示会ならそうだよな。自社で使うために買おうって人はいないだろうし……」

　このように、「そもそもの前提条件」が異なるために話が噛み合わないということは、実際のビジネスの現場でもよく起こっています。

　先ほどの第3章での練習問題、ボトムアップによるロジックツリーの作成で、名刺のグルーピングに真面目に取り組んだ人は、もうこの点に気づいていたかもしれません。自身の手持ちの名刺がお客様「だけ」ということはまずないでしょう。それ以外にも、

・仕入れ業者
・販売代理店
・お客様のお客様
・異業種交流会で知り合った人

　など、「目的」で分けるとさまざまな人が混じっていて、お客様だけを前提にしているBANTによるグルーピングは十分ではないことに気づいたはずです。

● 隠れた前提を掘り起こす「言語」

　このような問題を解決するためのキーワードが、「**隠れた前提**」です。人間はあまりにも当たり前のことは、会話の際に口にすることはありません。「皆さん、説明するまでもなくご存じですよね」のように、前提条件として隠れたままで話を進めていくことになります。ところが、この「当たり前」が人によって異なり、コミュニケーションの障害になってしまうというのは今回の会話で見た通りです。

　では、どうやって隠れた前提を避けることができるでしょうか。実はそのためのコツが、「言語」です。たとえば英語を学んで、「当たり前」を共有していないアメリカの方に日本を紹介したとしましょう。すると、日本人同士では当たり前すぎてわざわざ言葉にする必要のなかった隠れた前提に気づくのです。

　たとえば、私の受講者の中にも、アメリカの方と話をしていて、「きょとん」とされた経験があるそうです。そのときに言ったセリフが、

> 「新しく来たうちの社長、外部からスカウトされたんだ。
> ちょっとこの先経営が不安だよね」

というもの。

実は、この発言をされた方を含め、日本人の多くは隠れた前提として、「社長は内部からの生え抜きが好ましい」と考えています。実際、そのせいもあって、上場企業では生え抜き社長のほうが圧倒的に多くなっています。

ところが、アメリカではそんなことはありません。もちろん生え抜き社長もいますが、過半数は外部からスカウトされた経営のプロ。結果として、先ほどのセリフを聞いたアメリカの方は、「いったい何を言っているんだ？」と不思議に感じてしまいコミュニケーションがうまくいかないのです。

他にも、

・アメリカでは職種は固定化されがちだが、日本の大企業ではジョブ・ローテーションで職種を変わることが当たり前
・アメリカの労働組合は業界横断が普通だが、日本では企業内労働組合が主流

などは典型的な前提条件の違いです。これをアメリカの方に説明しながら、しみじみ思うのです。「自分の常識は、他人の常識ではないんだな」と。

もちろん、この常識の違いは、日本人同士の中でも起こっ

ています。世代が違うと話が噛み合わないのはそのせいです
し、同じ会社の中でも部署が違うだけで「常識」が通用しな
いなんてことが起こります。あるいは、SNSが一般的にな
った今の時代、「えぇっ？　そんなこと考える人いるんだ？」
とビックリすることが多くて、「常識」の違いを実感するで
しょう。

　たとえば、一頃ツイッター上で「職人さんの休憩」が話題
になったことがあります。

　はじまりは、電車の中で聞いた年配女性たちの会話に感じ
た違和感を、ある人がツイートしたことです。ツイート主は、
その女性たちのことを「マダム」と表現されていたので、き
っと身を着飾ってお金持ちの気配を出していた方々だったの
でしょう。なんでもそのマダムたちは、家の近くの工事現場
の作業員の方々に不満を持っているそうなのです。「10時に
なると毎日のように作業を止めて休んでいるけれど、あれは

サボりよね。本当はもっと早く工事を完了できるんじゃないかしら」と。

　それを聞いたツイート主の方は、作業員の方々が休憩をとるのは疲れからくる事故を防ぐためなのだとツイートします。その背後には、マダムたちはわかってないんだなぁ、というニュアンスが感じられて、「常識」が世間とずれていることが明らかになりました。

　そして面白いのは、さらにここから別の「常識」を持つ人が現れたことです。今度は安全面ではなくお作法として、10時と15時に作業員さんや職員さんにお茶を出して接待をするのが「常識」であるとツイートをしたのです。

　もし、ここに登場した人たちが実際の場で出会ったら、それぞれの「常識」、もしくは前提が違うために、コミュニケーションがうまくいかなかったり、相手の発言に「カチン」と来て会話が難しくなってしまうでしょう。マダムも、「何わけのわからないことを言っているザマスか」なんてキレたりして。そういうときは、それこそ外国人の方に説明するように、「私はこういう前提で話しています」「そうか、それは私の『常識』とは違うな。だから話が噛み合わないのか」と理解し合えます。

　筆者は、アメリカのマサチューセッツ大学のMBA（経営学修士号）プログラムでも教鞭を執っていますが、そこにいる日本人学生の方々は、さすがにこの観点ではレベルが高いと感じます。欧米での生活経験が豊富でない人でも、英語で

物事を学ぶうちに、日本の常識と海外の常識の違いから、物事を多面的に見る視点が養われているようです。MBA で学ぶ内容自体も貴重ですが、このような新たな視点の獲得も、海外発のビジネススクールで学ぶ大きなメリットです。

　ちなみに、言語という観点では、本書のもうひとつのテーマであるプログラミング言語を学んでも似たような効果があるかもしれません。コンピュータもやはり人間とは異なる常識を持っていますから、なかなか会話が成り立たない、つまり思った通りにプログラミングがうまくいきません。そんな経験も、自身の隠れた前提に気づくきっかけになります。

◉ チームで考えるロジカルシンキング

　「隠れた前提」問題も解決し、菅田さんとのコミュニケーションも上手にできた宮城さん。これをきっかけにかえってチームのまとまりもよくなって、自信を持って展示会に臨めそうです。振り返ってみれば安西課長から話を振られて戸惑っていた頃が、遠い昔のようです。

　ロジカルシンキングを学べば学ぶほど、楽して成果を上げることができるのを実感しましたし、それはチームで働く際にも同じだと思いました。いや、同じどころか、チームで働くということは、自分と異なる「常識」を持つ人とコミュニケーションをとる必要が出てきます。なので、ロジカルシンキングの必要性は高まります。

　読者の方の中にも、ロジカルシンキングと聞くと、自分一人で「う～ん……」と考えるイメージをお持ちの方もいるで

しょう。でも、この機会にぜひ意識を変えてみてください。むしろ、**チームで考えることがロジカルシンキング**だ、と。上司とストレスなくコミュニケーションできる、プロジェクトチームのメンバーと価値観の違いを乗り越えて結束できる、あるいはロジックツリーを一緒に作ることでアイデアがバンバン出てくる。それこそが、本書でロジカルシンキングを学んでいただく本当の目的だと筆者は思っています。

第4章のまとめ

- 自分の弱点は素直に改善するのが本当にできる人
- 「敷地」というキーワードで論点のズレを解消できる
- わかりやすい話し方のためには「何の論点か」を最初に宣言する
- 結論を先にいうのは相手への最大の気遣い
- 隠れた前提があると話が噛み合わないので要注意
- 大人数でロジカルシンキングができるとチームワークが高まる

第 **5** 章

ナマのプログラミングでわかる
ロジカルシンキングとの関連性

5.1 見方を知れば わかりやすかった プログラミングの中身

● 時間がかかるExcel作業を一瞬で終わらせる技

　これまでの話を踏まえて、この章では実際にプログラミングそのものを見てみましょう。題材はExcel。

　実はExcelには「マクロ」と呼ばれるプログラミング機能があり、これを使えば作業を簡単にすることができます。ちなみに、「マクロ」という名前は、マクロとミクロという言葉からもわかる通り、「大きい」、あるいは「ざっくりした」というイメージです。プログラミングといっても細かく作り込んで詳細な操作をするものではなく、ざっくりした機能を実現するプログラミングと考えればよいでしょう。

　次ページは、第1章にあった、企業一覧の中から従業員数が300人を超えるところに色をつけるという操作を実行するものです。この色をつけるというやり方、第1章では効率的でないしミスも起こりやすいのでお勧めしませんでしたが、プログラミングを使って自動的にできるならば、やる価値はあります。

　まずはチェックする範囲をExcelで選択して、プログラミング（マクロ）を実行します。

	A	B	C	D
	会社名	従業員数	売上高 (億円)	資本金 (億円)
1				
2	湘北産業	49	7	3.2
3	陵南商事	366	57	3.5
4	海南物産	274	73	1.7
5	山王工業	267	39	2.9
6	愛和実業	485	142	4.9
7	名朋商店	463	29	4.0
8	大栄建設	302	34	2.1

　すると、次のように従業員数が300を超えるセルにだけ色
をつけることができました。

	A	B	C	D
	会社名	従業員数	売上高 (億円)	資本金 (億円)
1				
2	湘北産業	49	7	3.2
3	陵南商事	366	57	3.5
4	海南物産	274	73	1.7
5	山王工業	267	39	2.9
6	愛和実業	485	142	4.9
7	名朋商店	463	29	4.0
8	大栄建設	302	34	2.1

　この操作を行っているプログラミングを次ページに掲載し
ました。なお、一番左に書かれている数字は行番号で読者の
方にわかりやすいようにつけました。実際のプログラミング
には存在しません。

```vba
1  Option Explicit
2
3  Public Sub 指定超えセルを塗る_列()
4
5  Dim myUpperLimit As Long     '指定する値
6  myUpperLimit = 300
7
8  Dim lngRow As Long
9  Dim valValue As Variant
10
11  '選択セルループ(行)
12  For lngRow = 0 To Selection.Rows.Count - 1
13    'セルの値を取得する
14    valValue   = Selection(1).Offset(lngRow, _
      0).Value
15
16    'セルが数値の場合のみチェックする
17    If IsEmpty(valValue) = False Then
18     If IsNumeric(valValue) = True Then
19
20       '指定値とのチェック
21       If valValue > myUpperLimit Then
22         Selection(1).Offset(lngRow, 0).Interior. _
         ColorIndex = 6 '黄色
23       Else
24          Selection(1).Offset(lngRow, _
          0).Interior.ColorIndex = 0 '塗りつぶしなし
25       End If
26
27     End If
28    End If
29  Next
30
31  MsgBox "処理完了"
32
33  End Sub
```

◉ プログラミングはサンドイッチ構造

「うわぁ、難しい……」と思った方もご心配なく。プログラミングの実態を表した英語と数字による文章を**コード**と呼びますが、その見方にはコツがあります。それが**「サンドイッチ」を見つけること**です。サンドイッチというのは、パンとパンの間に具が挟まっています。それと同じように、「何かと何かの間に挟まっている」というのがわかると、コードがみるみるわかってきます。

まずは一番大きいところからで、3行目の「Public Sub 指定超えセルを塗る 1 列（）」と33行目の「End Sub」がワンセットになって、この間に何かが挟まっているという構造です。3行目では、「ここからは『指定超えセルを塗る』というプログラミングの始まりですよ」というのを表します。33行目の End Sub は、それと対をなすものですから、「ここがプログラミングの終わりですよ」となります。すなわち、Public Sub と End Sub というパンの間に 1 つのプログラミングが挟まれているという構造です。

ちなみにここで使われている Sub は日本語でいうと「サブ」。「サブキャプテン」のように使って「副次的な」を意味する英単語です。意味合いとしては、「ここに書いているプログラミングは大規模システムを構成するのではなく、副次的なもので『何か 1 つの役割』を持たせているんですよ」という

ニュアンスです。ひょっとしたら、将来的には大規模システムが構築されて、その一部分としてこのプログラミングを使う可能性もあるので、プログラミングの冒頭ではこのように書くのが一般的です。

　あるいは、第3章で紹介した「モジュール化」とあわせて考えてもらうと、このサブのニュアンスがよりピンとくるかもしれません。モジュール化というのは、作成するプログラムが大きくなると、それを部分部分に分けてプログラミングを進めていくというものでしたが、まさにこの「部分部分に分けて」というところがSubという言葉で表されています。

　では、次のサンドイッチ構造を見てみましょう。12行目の「For」で始まるところから29行目の「Next」までです。これは、「この間にある命令を繰り返しなさい」という命令をコンピュータに伝えています。先ほどのExcelの図に戻ると、マクロを実行する前にセルB2からB8まで、7個のセルを選択しています。この中に入っている数値ひとつひとつに対して300より大きいかを判定するので、7回繰り返すことになります。

　次に注目するサンドイッチは、21行目から25行目までです。一部を取り出すと、

```
21        If ○○
22          △△
23        Else
24          □□
25        End If
```

となっています。サンドイッチでいうとパンが3枚あって、パン＋具材＋パン＋具材＋パンのようなものです。「If」という単語でわかる通り、Excelの関数でも使った条件による分岐です。つまり、21行目に述べた○○の条件が正しければ22行目の△△を実行する、さもなければ（Else）、24行目の□□を実行するという命令をコンピュータに伝えています。

● Excelがわかればプログラミングも見えてくる

では、ここでサンドイッチの「具材」を見て、具体的に何をやっているかの動作を見てみます。

まず、21行目。「If valValue > myUpperLimit Then」では、「もしvalValueの数値がmyUpperLimitよりも大きければ」という条件式です。ここでは、valValueはそのセルに入っている数値を指し、たとえば「湘北産業」の従業員が格納されているセルB2をチェックしているときには49が入っていることになります。一方のmyUpperLimitは大企業となる目安の従業員300人を指し、これはプログラムの少し前のほう、6行目で「myUpperLimit = 300」を指定しています。

つまり、先ほどのコードを読み替えると、「If 49 > 300 Then」となり、この数式は正しくないことがわかります。したがって、コンピュータは22行目は飛ばして23行目のElseまで自動的に進みます。したがって、実行されるのが24行目の「Selection（1）.Offset（lngRow，0）.Interior.ColorIndex = 0」。意味合いは、「今チェックしているセルの色を『色なし』に指定しなさい」となります。

これにて一通りのチェックが終わりました。次の、「陵南商事」の従業員数が格納されているセルB3のチェックに移りましょう。先ほどと同様に21行目から見ていきます。今度は、366という数字ですから、「If 366 > 300 Then」となり、数式が正しいので22行目を実行します。「Selection（1）.Offset（lngRow, 0）.Interior.ColorIndex ＝ 6」という命令は、セルの網かけ色を黄色にしなさいとなりました。このように格納されている数値を300と比べて、それ以下であれば色なし、それより大きかったら黄色をつけることを繰り返していて、最終的な色つけが完成するのです。

　いかがでしょう。ここまでくると、プログラミングといっても基本的な動作はExcelと同じというのがわかっていただけたのではないでしょうか。

5.2 プログラミングにもあったチームで仕事をする工夫

◉ MECEをチェックするためのプログラミングの工夫

ここからはプログラミングとロジカルシンキングの関係について見ていきましょう。まずは、MECEです。「モレなくダブりなく」を意識しないと人間同士のコミュニケーションでもうまくいかないことは前章までで見てきました。

これはコンピュータに対する命令でも同じで、分岐条件を考えるときにモレなくダブりなくにしないと、「ピー、エラーです」というようにプログラミングが止まってしまいかねません。このMECEを実際のプログラミングで実現しているところが、17行目、18行目です。

```
17      If IsEmpty(valValue) = False Then
18        If IsNumeric(valValue) = True Then
```

「If○○Then」というのは先ほど見た通り、「もしも○○の数式が正しければ」という意味です。17行目で検査しているのは空白ではないかという点。IsEmptyという関数を使って、「もしも空白だったら次の行を飛ばして28行目のEnd

Ifまでいっちゃって」という指示をコンピュータに伝えています。つまり、空白であれば、先ほど説明した300よりも大きいかそれ以下か、すら考える必要がないわけです。

　同様に、18行目でチェックしているのは、数式以外のものが入力されてはいないかという点です。ご存じの通りExcelというのは1つのセルに数式も文字も入力することができます。実際、本書に掲載しているExcelの図表でも、セルA2には「湘北産業」、A3には「陵南商事」などの文字が格納されています。もしも、従業員が300人より多いかをチェックするセルに数字ではなく文字が入っていたら、そもそも比較する必要すらないわけですから、27行目のEnd Ifまで飛ぶようにコンピュータに指示しているのです。

　ロジックツリーでまとめるならば、

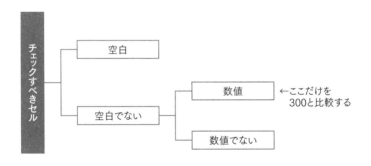

　とモレなくダブりなく考えて、「数値か」が「正しい」というセルのみを300という数字と比較していることになります。

● コンピュータにも優しい宣言話法

次のプログラミングとロジカルシンキングの関係が、宣言話法です。人間同士のコミュニケーションの場合、最初に「これは〇〇の話です」と宣言をしたほうが聞き手が心の準備ができるので、より伝わるコミュニケーションになるというのは第4章で見た通りです。コンピュータとのコミュニケーションであるプログラミングも同様で、**「これからこの数字を使いますよ」**というのを最初に宣言しています。それが、5から9行目あたりです。

```
5    Dim myUpperLimit As Long      '指定する値
6    myUpperLimit = 300
7
8    Dim lngRow As Long
9    Dim valValue As Variant
```

5行目では、「このプログラミングでは『myUpperLimit』という数値を使いますよ」と宣言しています。なお、ちょっと技術的な話になりますが、宣言した文章の後半「As」以降は、「これは数値ですよ」「これは文字列ですよ」などをコンピュータに伝えています。これによって、コンピュータが余計な考えをする必要性を減らして、より軽快に動けるようにしてあげているのです。

● チームで考えるプログラミング

では次に、プログラミングもチームで考えるという点も見てみましょう。ロジカルシンキングでいうと、第4章で紹介した「チームで考えるのがロジカルシンキング」と対応したものです。それが、自分が書いたプログラミングを他の人に見せるとき、わかりやすくするための工夫になります。実は先ほどのプログラミングでも、それがあることに気づいたでしょうか。

1つ目が、**コメント**です。カンマ記号（'）に続いて書いた文字は、コンピュータには無視されて人間だけが読めるコメント扱いされます。たとえば5行目の後半には「'指定する値」と書いてあります。これは、「大企業となる目安の従

業員数を300人で指定しました」というのをわかりやすく示してくれているのです。第１章でもありましたが、たとえば上司と相談した結果、大企業と判断する基準を従業員が300人ではなくて400人より多い企業となったとしましょう。その場合でも、ここの数値を変えればいいんだな、というのがわかります。

　次の工夫が**インデント**です。インデントというのは、行のはじめの文字が左側からどのくらい離れているかということです。先ほど説明した通り、プログラミングはサンドイッチ構造になっているのですが、そのはじめと終わりのインデントがそろっています。３行目と33行目は一番左側になっていますし、21行目のIfと23行目のElseと25行目のEnd Ifも、左端からの距離が同じでインデントがそろっていることがわかります。これによって、「ここで始まったIfが、このElseまでいって、そこからEnd Ifで終わりだ」というのが見た目でもわかりやすくなっているのです。

　プログラミングが大規模になれば、モジュール化して多くの人がコードを書くことになります。そのようなとき、このような工夫があると、チームでのプログラミングが効率的に進みます。

　なお、「他の人」には、「将来の自分」を含めてもよいでしょう。１つのプログラミングを書いてから、しばらく立つと、なぜそのように書いたのかを忘れてしまうことがあります。その際、コメントやインデントがあれば思い出すのが簡単で

す。これによって、仕事を早く、ミスなく完了させることができるのです。

◉ やはり大事な「一歩引いた視点」

　ここまでプログラミングの中身を解説してきましたが、これを見ながら「自分も早速プログラミングの勉強を始めなければ」と焦る必要はありません。大事なのは、第1章でも紹介した、**「一歩引いた視点」**です。そのプログラミングで何を実現したいかを考えるほうが、プログラミングそのものよりも先にきます。

　そして、実際のところは、わざわざ自分でプログラミングを書く必要がない場合もあります。なぜならば、Excelにはプログラミングの自動作成機能がついているからです。マクロの「記録」といっていますが、自分がExcel上で行った操作を記録して、それをそのまま再生してくれる機能があります。これを使えば、ごく簡単なプログラミングであれば自動でできます。

　あるいは、何を実現したいかが決まったら、実際のプログラミングは得意な人にお願いすることもできます。「ココナラ」というサービスで、一番安い場合にはワンコインの500円から専門家に発注することができます。実は今回掲載したプログラミングも、ココナラの「シン井上」さんにお願いして制作いただいたものです。

https://profile.coconala.com/users/6243

※掲載したプログラミングは、初心者にもわかりやすく説明

するために、もともと作成いただいたものを簡素化しまし
た。もしも技術的な不具合があれば、その責任は筆者にあ
ります。

第5章のまとめ

- プログラミングのコードを見ることでロジカルシンキングとプログラミングの共通点がよりわかる
- プログラミングはサンドイッチ構造
- Excelと同じようなIFによる論理構成でプログラミングが動く
- プログラミングの中身もMECEになっている
- プログラミングでも宣言話法を使う
- 大人数でプログラミングをするためには他人が読んでもわかりやすい工夫が必要

第 **6** 章

プログラミングで
研ぎ澄ます論理構成力

6.1 Excelだって実感できる論理構成の力

● 実務でよくあるリストの悩み

　この章では、実際に自分でExcelの計算式を考えることで、論理構成の力を研ぎ澄ませましょう。第5章で説明した通り、実際に自分でコードを書くよりも大事なのは**論理構成を考えること**です。ここでは、あえて失敗談も交えながらストーリーを進めるので、「では、どうしたらいいだろうか？」と考えながら読み進めていってください。

　まず状況の確認ですが、ここまでのストーリーで解説した展示会への出展は大成功。3日間の出展で名刺を400枚近く集めることができました。ここでは、その名刺を前に、宮城さんと天崎君が話し合っているところです。

「よし。次はフォローアップする相手を決めよう」

「そうですね。さすがに400人全員をフォローするわけにはいかないですし」

「前に話したけど、BANTっていうフレームワークがあったじゃないか。あれをもとにフォローアップする相手を決めたらいいと思うんだ」

「え〜っと、Budget（予算）、Authority（決定権限）、Needs（ニーズ）、Timing（タイミング）というヤツですよね？」

「そう。予算は、企業規模でざっくり決めちゃおう。ある程度大企業だったら、予算はあるって考えるんだ」

「決定権限はどうしましょう？ 企業名じゃわかりませんよね？」

「役職だろうな。管理職だったら権限があるって、これもざっくり判断しちゃおう」

「そうですね。あと、ニーズとタイミングは、ブースで会話したときにチェックしています。名刺の右上にペンで〇のマークをつけてもらったのが、見込みがある取引先ですね」

「よし、その条件で絞り込もうか。フォローアップの第1弾はメールを送ることだから、少し条件を緩めて多くの人にメールを送ることにしよう」

「ですね。大企業、管理職、見込みあり、少なくともどれか１つの条件が満たされたら、メールの送り先にしちゃいましょう」

　では、次のリストの中からこの条件に合う人を絞り込んでいきましょう。読み進める前に、ご自身で「どんな計算式を使うか」を考えていただくと、論理構成力が身につきます。

	A	I	J
1	会社名	部署・役職	姓名
2	湘北産業	人事総務課 課長	桑田 智之
3	陵南商事	人事部 部長	池上 亮子
4	海南物産	D&I推進部 部長	武藤 義則
5	山王工業	人材開発部 課長代理	川田 雅文
6	愛和実業	人事労務課 課長	中尾 みちる
7	名朋商店	人事企画室 室長	石川 英郎
8	大栄建設	長野事業所	土屋 篤志

　まずは管理職かどうかのチェックです。もちろん、ご自分の目で確認してポチポチと色をつけていくのではなく、数式で一気にチェックできる方法を考えましょう。

「リョーさん、管理職かどうかって、どうチェックしたらいいんですかね？」

「単純に、部長とか課長とかついていればいいんじゃないか？」

ということで、このような数式を入力しました。

	A	I	J	K
1	会社名	部署・役職	姓名	管理職チェック
2	湘北産業	人事総務課 課長	桑田 智之	=SEARCH("長",I2)
3	陵南商事	人事部 部長	池上 亮子	5
4	海南物産	D&I推進部 部長	武藤 義則	#VALUE!
5	山王工業	人材開発部 課長代理	川田 雅文	7
6	愛和実業	人事労務課 課長	中尾 みちる	7
7	名朋商店	人事企画室 室長	石川 英郎	7
8	大栄建設	長野事業所	土屋 篤志	1

「SEARCH」（サーチ）というExcelの関数は、その名の通り何かを「探す」、つまり、あるセルに指定した文字が入っているかどうかを探すためのものです。しかも、何文字目に入っているかもわかるようになっており、たとえば一番上のデータ、「人事総務課課長」であれば、「長」の字は7文字目なので、7という数字が表示されることになります。もしも「長」という文字が入っていなければExcelのエラーメッセージが表示され、たとえば4行目の「D&I推進部」には「長」が入っていないので、L4のセルには#VALUE!というエラーメッセージが表示されています。ここで、「うわ、出た。こういうのがあるから苦手」と思った方もご心配なく。次のステップでエラーメッセージが出ないようになりますから。

ただ、そのエラーメッセージの問題だけではなく、このままでは管理職でない人までフォローアップの対象となってしまいそうです。どこに問題があるか気づいたでしょうか。

● できる人は知っている、エラーは成長のきっかけ

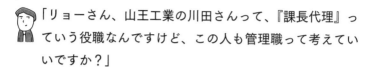

「リョーさん、山王工業の川田さんって、『課長代理』っていう役職なんですけど、この人も管理職って考えていいですか?」

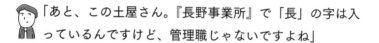

「課長代理かぁ。この役職だと、決裁権限はなさそうだよなぁ」

「あと、この土屋さん。『長野事業所』で「長」の字は入っているんですけど、管理職じゃないですよね」

「だよなぁ……。これじゃダメか」

　このように、Excelの数式を作成しても、当初のねらい通りにいかないことはよくあるものです。しかし、これをきっかけに考えることが、自身の論理構成の力を伸ばすチャンスです。では、どうやったら本当の役職者だけをピックアップできるでしょうか。

　答えは、役職の最後に注目することです。もしも最後の文字が「長」だったら管理職であるというように数式を変えてみましょう。

	A	I	J	K
1	会社名	部署・役職	姓名	管理職チェック
2	湘北産業	人事総務課 課長	桑田 智之	=IF(RIGHT(I2)="長",1,0)
3	陵南商事	人事部 部長	池上 亮子	1
4	海南物産	D&I推進部 部長	武藤 義則	0
5	山王工業	人材開発部 課長代理	川田 雅文	0
6	愛和実業	人事労務課 課長	中尾 みちる	1
7	名朋商店	人事企画室 室長	石川 英郎	1
8	大栄建設	長野事業所	土屋 篤志	0

　RIGHTは、英単語の「右」ですから、指定したセルの一番右（末尾）の文字か何かをチェックするための関数です。あとはIF文ですから、第1章で挙げた数式と同じです。その文字が「長」と等しかったら1を、等しくなかったら0を表示しなさい、となります。たとえば、「人事総務課課長」だったら末尾が「長」なので、数字の1が表示されますし、「D&I推進部」の場合は末尾が「部」という文字なので、「長」とは等しくないので0が表示されます。

　では、いよいよ総まとめです。これまで判定してきた、

・大企業かどうか
・管理職かどうか
・見込みがあるかどうか

の3つの条件を総合的に判定して、フォローアップする先を決定しましょう。なお、見込みは先ほどの会話にあったように、ブースに訪れた際の会話で判定しています。見込みあり

が1、見込みなしが0と考えてください。

　M列にある総合チェック欄には、どのような数式を入力すると、メールの送り先を正しくピックアップすることができるでしょうか。先ほどの会話例にもありましたが、

「大企業、管理職、見込みあり、少なくともどれか1つの条件が満たされたら、メールの送り先にする」

という条件です。

	A	H	J	K	L	M
1	会社名	大企業チェック	姓名	管理職チェック	見込み	総合チェック
2	湘北産業	0	桑田 智之	1	0	=（H2+K2+L2)
3	陵南商事	1	池上 亮子	1	1	3
4	海南物産	0	武藤 義則	0	0	0
5	山王工業	0	川田 雅文	0	0	0
6	愛和実業	1	中尾 みちる	1	0	2
7	名朋商店	0	石川 英郎	1	1	2
8	大栄建設	0	土屋 篤志	0	1	1

　となりました。H列、K列、L列の数字を足しあわせて、これが1以上であればフォローアップの対象とすることになります。

　ちなみに、第1章で大企業チェックをしたときには、掛け算を使ったことを覚えているでしょうか。そのときには、従業員数、売上高、資本金という3つの条件のすべてを満たす

必要があったので掛け算を使いました。しかし、今回は「どれか1つの条件を満たしていればフォローアップ対象とする」ということなので、足し算を使いました。論理構成に慣れてくると、このような使い分けができるようになります。

◉ 優先順位づけが下手な人の共通点

　先ほどの足し算によって判断するのは、「**この人はいくつの条件を満たしているのか**」がわかって、重要度の判定に役立つというメリットもあります。たとえば、上から2行目のデータ、「陵南商事」の「池上亮子」さんは、M列が3になっているので、大企業、管理職、見込みありの3つの条件をすべて満たしているので、かなり有望な営業先になります。メールを送ったあとは電話で到着確認をして、あわせて訪問のアポをとるなど手厚い対応をすべきです。

　一方で一番下の行、「大栄建設」の「土屋篤志」さんの数字は1になります。大企業でもないし、管理職でもないのですが、見込みはありそうという状況です。したがって、先ほどの池上亮子さんと比べると、対応にそれほど時間をかけなくてよいという判断が成り立ちます。

　もちろん、展示会で名刺交換した方々は、全員大事なお客様候補です。すべての方にしっかりと対応したいと思うでしょう。しかし、自分の時間には限りがありますから、このように優先順位をつける必要があります。

　ただ、優先順位をつけるのが苦手な人も世の中には多くて、

筆者の教え子の水戸さんもその一人でした。水戸さんは、大手金融機関に勤める方で、とにかく仕事が忙しいとこぼしていました。「そういうときは優先順位をつけ……」と筆者のアドバイスの言葉を遮る勢いで、「そういうのはわかっているんですけどもね。うちみたいな金融機関は決まり事が多くて、全部やらなくちゃいけないんですよ」と言っていました。

ところが、いろいろと指導していくうちに、水戸さんは優先順位の付け方を知らないことがわかってきました。「水戸さんは仕事の優先順位ってどうやってつけているんで……」、「いやそれはね。締め切りが早い順に仕事をするというのが当然だと思うんですけれども」。

もちろん、締め切りはひとつの指標ですが、優先順位を考える際の判断軸はそれ「だけ」ではありません。たとえば、仕事の重要度や、あるいは自分一人で完結するか、それとも誰かに依頼しなければならないかによっても異なってきます。

水戸さんの場合、この3つ目の判断軸で考えられていなかったのが問題でした。結果として、締め切り直前になって仕事を誰かに依頼して、それを待つ間に時間の無駄が生じていたのです。

　これを指摘して、優先順位の付け方を工夫してもらったところ、水戸さんの仕事のスピードは格段に上がりました。「もちろん、やることは山盛りなんですけれどもね。でも、以前よりは早く終えることができるし、なんだか周りとの協力関係もうまくいくようになりました」と、思わぬ波及効果もあったようです。

6.2 自分でコードを修正する

● 意外と簡単なプログラミングの修正

　前節で見たExcelの数式を、今度はマクロで実現すること
を考えてみましょう。ちなみに、マクロの中にもRIGHTと
いう関数はあって、先ほど見た例と同じように、指定したも
のの一番右側（末尾）の文字をチェックするというものです。
第5章に掲載されたもともとのコードを見ながら、どこを変
えればいいかを考えてみてください。

　ポイントは、20〜25行目あたりのチェックしているパー
トです。もともとのコードはこうなっていました。

```
20      '指定値とのチェック
21      If valValue > myUpperLimit Then
22        Selection(1).Offset(lngRow, 0).Interior.
          ColorIndex = 6 '黄色
23      Else
24        Selection(1).Offset(lngRow, 0).Interior.
          ColorIndex = 0 '塗りつぶしなし
25      End If
```

第 6 章 ▶ プログラミングで研ぎ澄ます論理構成力

　これを、「長」という文字と同じかどうかで判定してみましょう。

```
20          '指定値とのチェック
21          If valValue = "長" Then
22            Selection(1).Offset(lngRow, 0).Interior.
              ColorIndex = 9 '赤色
23          Else
24            Selection(1).Offset(lngRow, 0).Interior.
              ColorIndex = 0 '塗りつぶしなし
25          End If
```

　すると、21行目を変更するだけで、末尾の文字が「長」だったら色をつける、そうでなかったら色をつけないとすることができました。

　ちなみに今回はセルにつける色を変えていることに気づいたでしょうか。22行目の最後のほうを見てください。最初の例では" = 6"だったところを、" = 9"として赤い色をセルにつけることにしています。実はマクロの中では色のひとつひとつに番号が振られています。黄色は6、赤は9、塗りつぶしなしは0というようにです。したがって、この数字を1つ変えるだけで自分の好きな色をつけることができます。

　では最後に変更したコードの全体を紹介します。

```vba
1   Option Explicit
2
3   Public Sub 末尾が長のセルを塗る　列()
4
5     Dim myCheckMoji As String      '指定する値
6     myCheckMoji = "長"
7
8     Dim lngRow As Long
9     Dim valValue As Variant
10
11    '選択セルループ(行)
12    For lngRow =   To Selection.Rows.Count -
13      'セルの値を取得する
14      valValue  = Right(Selection(1).
        Offset(lngRow, 0).Value, 1)
15
16      'セルが数値の場合のみチェックする
17      If IsEmpty(valValue) = False Then
18       If VarType(valValue) = vbString Then
19
20         '指定値とのチェック
21         If valValue = myCheckMoji Then
22           Selection(1).Offset(lngRow,
             0).Interior.ColorIndex = 3 '赤色
23         Else
24           Selection(1).Offset(lngRow,
             0).Interior.ColorIndex = 0 '塗りつぶしなし
25         End If
26
27       End If
28      End If
29    Next
30
31    MsgBox "処理完了"
32
33  End Sub
```

● 真似からだって学べるのがプログラミング

せっかくなので他の変更点も見てみましょう。まずは、14行目の最後の文字をチェックするところです。

```
14      valValue = Right(Selection(1).Offset(lngRow,
        0).Value, 1)
```

と、ここでもRight関数が使われていることに気づくでしょう。

次に、そのセルに格納されているのが文字になっているかどうかを判定しているところも見てみましょう。それが、18行目です。

```
18      If VarType (valValue) = vbString Then
```

「うわ、これはさすがに理解不能」という方もご心配なく。実は、筆者もこのコードをスラスラと書けたわけではありません。というか、自分で考えるのはほぼ無理。むしろ、今の時代はやりたいことが決まったら検索です。「Excel　マクロ　文字かどうかを判定」というキーワードでGoogle検索すると、それっぽいページが出てきました。

VBAで文字列かどうかを判定する―VarType関数
https://www.relief.jp/docs/excel-vba-is-string-vartype-function.html

そこに書いてあるコードをちょこちょこっと手直しして書いたのが、上記18行目なのです。

　最初はこのように人の真似から始めるのでもいいと筆者は思っています。このようにしながらさまざまなコードに慣れていくことが、自由自在にプログラミングできるようになるための第一歩と考えているからです。本格的に学び始めるのは、その後のステップです。いきなり難しいことに取り組んで挫折してしまうよりは、実務でプログラミング思考を使えるように、**簡単なところからスタートする**のがお勧めです。

　ちなみに上記の検索で見つけたサイト、「インストラクターのネタ帳」さんは、本書執筆中に何度もお世話になりました。他のキーワードで検索しても、結局はこちらのサイトを見る機会が多いのは、それだけさまざまな事例が紹介されているからでしょう。ひとつひとつの説明がわかりやすいのでお勧めです。あまりに便利なのでサイトを運営されている伊藤潔人さんの著書『いちばんやさしいExcel VBAの教本 人気講師が教える実務に役立つマクロの始め方』（インプレス）も読んでみました。こちらは、わかりやすい上に、簡単なことから難しいことへと全体が体系化されて説明されているので、プログラミングを学ぶための次のステップとしてお勧めです。

第6章のまとめ

- Excel の計算式を考えることで論理構成力を研ぎ澄ます

- エラーにぶち当たって乗り越えるのが成長の秘訣

- 優先順位をつける際は、「締め切り」以外の要素も考える

- コードを書きたいと思ったら、まずは検索する

巻末付録
8大ビジネスフレームワーク

８大ビジネス・フレームワークとは？

　ビジネス・フレームワークは世の中にいろいろありますが、まずは基本的な「８大ビジネス・フレームワーク」を押さえることをお勧めします。もちろん、他にも知っているに越したことはありませんが、単に「知っている」知識を増やすだけで仕事の成果につながらないのでは本末転倒です。

　まずはこの８つを使いこなせるようになることがスタートポイントです。

　なお、次ページの図では、右側半分に対外的なフレームワーク、左側半分に体内的なフレームワークが記載されています。また、中央の図は上から下に読み解いて、ポーターの5Fでビジネスを取り巻く環境を分析した上で、戦略の3点セットで戦略を決定し、その戦略を実行した結果が資産＝資本＋負債、利益＝売上げ─費用で表されることを意味します。

　１．ポーターの5F（戦略）

　２．戦略の3点セット（戦略）

　３．マーケティングの3C（マーケティング）

　４．マーケティングの4P（マーケティング）

　５．マッキンゼーの7S（人事／戦略）

　６．資産＝資本（純資産)＋負債（会計・財務）

　７．バリューチェーン

　８．利益＝売上げ－費用（会計）

8大ビジネス・フレームワークの全体像

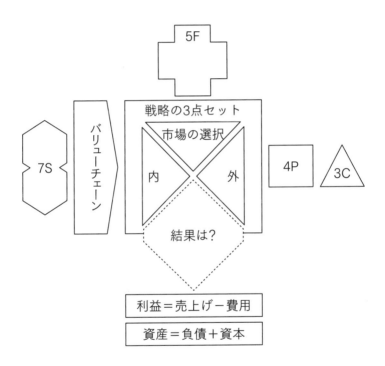

ポーターの5F

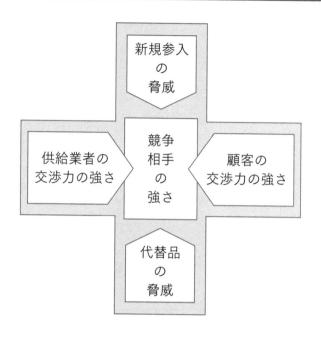

　「ポーター」はマイケル・ポーター米ハーバード大学教授を指し、「業界がおいしいか、おいしくないか」は５つの力（英語の「Force」）によって決まると提言された。

　具体的には、競争相手が手ごわければ手ごわいほど、その業界は「おいしくない」。同様に、「顧客の交渉力の強さ」、「供給業者の交渉力の強さ」、「新規参入の脅威」、「代替品の脅威」という要素で複合的に決まるとされる。

戦略の3点セット

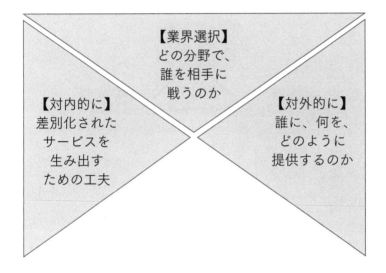

　戦略とは、業界選択、対外、対内の3点セットで説明される。すなわち、どの分野でビジネスを行うかを決めた上で、ターゲット顧客を定めて、彼ら／彼女らのニーズに合うものを提供し、それを継続するために生み出す社内の仕組み作りをする。

　これら3点セットの間の整合性がとれているのが「良い戦略」である。

マーケティングの3C

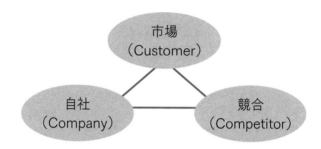

　マーケティング、すなわち「自社の製品やサービスが売れるための仕組み作り」において、ビジネスの置かれた状況を分析するためのフレームワーク。すなわち、ターゲット顧客を定めてニーズを把握し、競合他社と自社の強み・弱みを押さえることが重要である。

　古典的であるが、分析に際してモレなくダブりない視点を提供するという観点で、基本中の基本である。後に、協力者（Collaborators）、背景（Context）を加えて「マーケティングの5C」も提唱されたが、こちらは3Cほど流布していない（逆に、それだけ3Cの完成度が高かったともいえる）。

マーケティングの4P

　自社の製品やサービスが売れる仕組みを構築する際の、具体的な施策のチェックポイント。この4つの組み合わせは、「マーケティング・ミックス」とも呼ばれる。

　これら4つの要素間のマッチングを考えながら、整合性を保つことが肝である。

マッキンゼーの7S

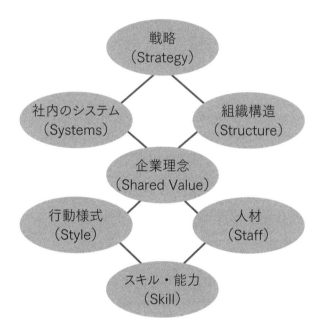

　経営コンサルティング会社マッキンゼー社が提唱したもの
で、「戦略（Strategy）」、「組織構造（Structure）」、「システ
ム（System）」、「企業理念（Shared Value）」、「人材（Staff）」、「行
動様式（Style）」、「スキル（Skill）」の7つでその会社の戦略（と
その構成要素）が網羅的に説明できるとされる。

　なお、上の3つを「ハードS」（組織の仕組み）、下の4つを「ソ
フトS」（人を動かす仕掛け）と分類される、ソフトSを変え
るよりもハードSを変えるほうが簡単だといわれる。

バリューチェーン（価値連鎖）

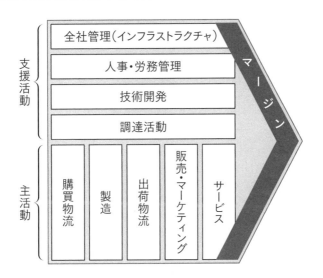

　社内のビジネスの流れを、主活動と支援活動に分けて説明するもの。ひとつひとつの工程（パート）の付加価値の合計プラス会社の儲け（マージン）が会社全体の付加価値となる。

　どのパートが一番付加価値アップに貢献するか、逆にどのパートは価値が低いのかがわかると、社内の仕組みを再構築する際に役立つ（たとえば、付加価値が低いパートは外注化するなど）。

　「バリューチェーン」は、もともとはマイケル・ポーター米ハーバード大学教授が考案したもの。ただし、その使い勝手のよさから、1つの会社の内部という枠を超えて、業界全体のビジネスの流れを指すこともある（厳密には、これは「インダストリー・チェーン」と呼ばれる）。

資産＝資本＋負債

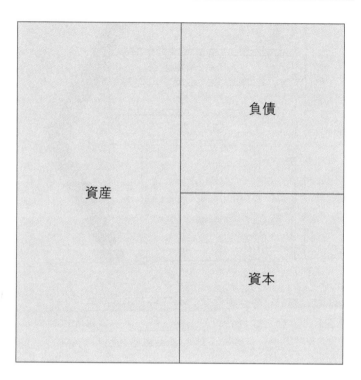

　ビジネスを始めるにあたっては元手が必要。株主から調達してきた資金(資本)と銀行などから調達してきた資金(負債)がそれに当たる。

　その後、調達してきた資金を使ってビジネスを展開するための設備や商品在庫を買い、それが会社の資産となって表される。

　結果として、調達してきた資金の合計額（資本＋負債）は今持っているお金の合計額（資産）と一致する

利益＝売上げ－費用

　商品サービスの対価としてお客様からいただいたお金（売上げ）から、ビジネスを展開するために外部に支払ったお金（費用）を差し引いたのが会社の手元に残る利益である。

おわりに

　プログラミング思考とロジカルシンキングで仕事をミスなく、早く、そして周りと共同してできる。本書を読み終えた今、そのテーマを実感いただけたら筆者としてうれしく思います。「はじめに」で書いた通り、エンジニアを目指したものの、３年もたずに挫折してしまった20代の頃の筆者に向ける気持ちで書いてきましたが、執筆後には別の気持ちも沸き起こってきました。そのきっかけが、第６章の「エラーは成長のきっかけ」というパート。Excel のエラーをきっかけに、よりよい方法を考えることで、論理構成の力が研ぎ澄まされるというものです。

　この「エラーは成長のきっかけ」は、実は論理構成を学ぶときだけでなく、キャリアのすべてにおいても正しいと、今の筆者は思っています。転職など、キャリアの大きな節目にさしかかったとき、常に正しい選択をできるとは限りません。だからといって、「間違えないようにしよう」という想いばかり強くなり、新しいことにチャレンジできないようではやはり成長できないでしょう。大事なのは、たとえミスをしたとしても、そこからスキルを学ぶ姿勢を持つことです。その意味において、筆者の挫折も無駄ではなかったと今ならば自信を持って言えます。実際、そのことをきっかけにコンサルティング業界に転職したとき、苦労はしましたが自分の成長を実感できました。

　その後のキャリアでも、筆者のエラーは続きます。コンサ

ルタント時代にも「やらかし」ましたし、留学中も、冷や汗が出るような失敗をしています。それでも、そのたびに乗り越えられたのは、周りの助けがあってこそでした。コンサルタント時代の先輩は叱りながら諭してくれましたし、留学中のクラスメートは「何やってるんだよ、おまえ」と怒りながらも助けてくれました。それも、今振り返って思えば、拙いながらも「周りと共同して仕事をしよう」という筆者の姿勢が周りに伝わっていたからではないかと思います。

　一方、時代の流れはどんどんと「失敗を経験しにくい」方向になっています。人口減少と低成長により、チャンスが少なくなったように見えて、新しいことにチャレンジすることがためらわれます。しかも、誰かの失敗をあざ笑うような風潮も尻込みしたくなる気持ちを強くします。このままでは、「失敗は少ないけれど成長も少ない」という人が増えてしまうのではないかと懸念します。

　したがって、本書でお伝えしたテクニックを使って短期的に成果を上げていただくのはもちろんうれしいですが、同時に、失敗を恐れずチャレンジする、そして仮に失敗したとしても助けてくれる人間関係を形作ることも、念頭に置いてもらえると、筆者冥利に尽きます。

　もちろん筆者も、これからも失敗して、成長を続けていきます。かつてスティーブ・ジョブズ氏が言った、"Stay Hungry, Stay Foolish"という言葉を胸に、読者と一緒に前に進んでいける存在でありたいと願っています。

なお、本書執筆中も危うく失敗しそうになりました。原稿が書けないあまり、執筆をギブアップしそうだったのです。そんな筆者に辛抱強くお付き合いいただいた翔泳社の長谷川和俊さん、末筆ながらありがとうございました。

　　　　2020年２月　シンメトリー・ジャパン代表　木田 知廣

木田 知廣 （きだ・ともひろ）

シンメトリー・ジャパン株式会社代表。大学卒業後、アメリカの名門コンピュータ会社DECで働き始めるも、IT業界の再編の波を受けて同社は消滅。退職を余儀なくされる。

この経験をきっかけに、会社が倒産しないための「まっとうな経営」とは何かの模索を始め、その答えが「人材マネジメント」であった。

この分野で研鑽を積むべく、人事コンサルティング会社ワトソンワイアットの門を叩き、厳しい選抜を経て採用される。ところが、実際に働き始めると、先輩コンサルタントとの能力差に愕然とし、大きな挫折を経験する。ここから、ロジカルシンキングのスキルアップを本格的に開始し、年間100冊以上の本を読破。ディベートなどの「対外試合」もしながら、体系的なロジカルシンキングを完成させる。著書に『ほんとうに使える論理思考の技術』（中経出版）、『心をつかみ人を動かす説明の技術』（日本実業出版社）などがある。

装丁	井上 新八
本文イラスト	大野 文彰
DTP	一企画

プログラミングとロジカルシンキングが一気にわかる本
アルゴリズムで論理の流れが見えてくる

2020 年 2 月 28 日　初版第 1 刷発行

著者	木田 知廣（きだ　ともひろ）
発行人	佐々木 幹夫
発行所	株式会社 翔泳社（https://www.shoeisha.co.jp）
印刷・製本	株式会社 加藤文明社印刷所

ISBN978-4-7981-6293-5　　　　　　　　　　　　　　　　　　Printed in Japan